KB019448

품질 최우선 경영

품질 최우선 경영

박 영 택 지음

한국표준협회미디어

머 리 말

개인적으로 대학에서 품질경영을 공부하고 가르친 지 30년이 지났다. 10년이면 강산도 변한다는 말이 이제는 진부한 표현이 되었지만 그간 산업계뿐 아니라 학계에서도 품질경영에 대한 큰 변화가 일어난 것을 체감하고 있다. 품질관리에서 품질경영으로의 변화에 이어 품질경영은 경영품질을 이야기할 만큼 발전해 왔다. 또한 서비스업의 비중이 높아짐에 따라 품질경영의 영역 또한 날로 확대되고 있다.

이처럼 품질경영이 확대되고 발전하는 것은 바람직한 일이지만 품질경영에 대해 좀 더 알고 싶어 하는 사람들이 품질경영에 대해 공부한다는 것은 그만큼 더 어려워졌다. 필자도 외부기업 강연 시 직원들 모두가 읽을 만한 품질경영 도서를 추천해 달라는 부탁을 몇 차례 받은바 있지만 딱히 누구나 쉽고 편하게 읽을 만한 책이 떠오르지 않았다.

그러던 차에 한국표준협회미디어 이종업 대표님의 강력한 권유에 힘입어 이 책을 집필하게 되었다.

이 책은 저자가 한국표준협회를 통해 개발한 '품질 최우선 경영의 이해'라는 사이버 교육과정을 기반으로 집필되었다. 만약 기회가 된다면 함께 공부하면 훨씬 더 생동감이 있을 것으로 생각된다. 또한 더 깊이 공부하고 싶은 사람은 필자의 이름으로 한국표준협회미디어에서 출간된「박영택 품질경영론」을 참고하길 권한다.

좋은 책을 만들기 위해 시종일관 세심하게 배려해 주신 한국표준협회미디어 기획편집팀 직원들에게 감사드리며……

지은이 박 영 택

목차

01 왜 품질 '최우선' 경영인가

품질이 중요하다는 것을 모르는 사람이 과연 있을까? '품질을 높이려면 비용이 들기 때문에 품질과 비용의 양면을 고려하여 최적 품질 수준을 결정해야 한다'는 것이 종래의 많은 경영자들이 갖고 있던 생각이었다. 그러나 이는 잘못된 것이다. '품질을 높이면 비용이 올라간다'는 잘못된 고정관념이 품질혁신의 가장 큰 장애물이다.

타이타닉호의 침몰이 주는 품질 교훈

1912년 4월 10일 '침몰할 수 없는 배(unsinkable ship)'라는 별칭을 가진 타이타닉호는 2,200여 명의 승객과 승무원을 태우고 영국의 사우샘프턴을 떠나 미국 뉴욕으로의 처녀 운항에 나섰다. 운항에 나선 지 5일째 되던 4월 14일 밤이었다. 평소와는 달리 달빛도 바람도 너울도 없었기 때문에 칠흑같이 어두운 바다를 미끄러지듯 순항하고 있었다. 대부분의 승객이 잠든 11시 40분 경계근무를 하던 승무원이 경고 벨을 3번 반복하여 울리면서 선장에게 다급하게 전화했다. "바로 앞에 빙산이 있습니다, 빙산!" 이를 피하기 위해 엔진을 끄고 뱃머리를 급히 왼쪽으로 돌렸으나 빙산은 약 10초 동안 오른쪽 뱃전을 세차게 치고 긁었다.

배의 앞부분에 물이 차면서 뱃머리가 물에 잠기고 뒷부분이 점점 더 높이 들려 올라갔다. 살아남기 위한 승선자들의 처절한 몸부림과 비명 속에서 허공을 향해 들려 있던 뒷부분의 무게를 견디지 못하고 거함(巨艦)은 천지를 울리는 굉음과 함께 두 동강 났다. 순식간에 불이 꺼지면서 배는 바닷속으로 빨려 들어갔다. 2,224명의 승선자 중 산 자는 711명, 죽은 자는 1,513명이었다.

1912년 독일화가 Stöwer가 그린 타이타닉호의 침몰 모습

그로부터 73년이 지난 1985년 미국의 발라드(Robert Ballard) 박사는 프랑스 과학자들과 공동으로 수중 음파탐지기에 연결된 비디오카메라를 이용하여 캐나다 뉴파운드랜드 남서쪽 531킬로미터 지점에 가라 앉아 있는 선체를 발견하였다. 두 동강 난 난파선은 해저 3,800미터가 넘는 깊은

바다 밑바닥에 550미터 정도의 간격으로 떨어져 있었다.

탐사팀은 소형 심해잠수선과 원격 조정이 가능한 카메라를 이용하여 선체 표면과 내부를 세밀히 관찰하였다. 정밀 탐사 결과 선체 철판의 이음새 부분이 벌어졌거나 이들을 조이는 리벳이 튀어 나가고 없는 곳이 많이 관찰되었다. 또한 리벳의 머리가 잘려 나간 곳도 적지 않았다.

미국 국립표준기술원(NIST)의 포케(T. Foecke) 박사는 타이타닉호의 잔해에서 수거한 48개의 리벳 성분을 분석한 결과 광석이 용해될 때 생기는 찌꺼기인 슬래그의 함유량이 허용 기준치의 3배가 넘는 것이 19개나 된다는 것을 밝혔다. 이것은 빙산에 부딪힌 충격을 견디지 못하고 배가 침몰한 원인이 철판을 이어 붙이는 데 사용한 작은 리벳의 결함 때문이라는 것을 의미한다. 이처럼 사소한 결함이나 실수가 사후에 큰 문제를 유발하는 것을 품질경영에서는 '1:10:100의 법칙'으로 설명한다.

1:10:100의 법칙

품질에는 아주 기본적인 3가지 원칙이 있다. 이것은 품질을 확보하기 위해 반드시 준수해야 할 원칙이다.

첫째, 제품이든 서비스든 고객의 불만을 야기할 소지가 있는 불량품은 처음부터 만들지 않는다.

둘째, 만에 하나 첫 번째 원칙을 준수하지 못해 불량품이 나오는 경우가 있더라도 그것을 절대로 고객에게 전달하지 않는다.

셋째, 두 번째 원칙마저도 무너져 불량품이 고객에게 전달된다면 신속하게 조처해야 한다.

이러한 품질의 3가지 기본원칙을 건성으로 듣고 지나치기 쉽기 때문에 품질경영에서는 이 원칙을 돈으로 설명한다. 기업이 품질을 확보하기 위해 투입하는 일체의 비용을 '품질비용'이라고 한다면, 이 비용은 앞서 설명한 3가지 기본원칙의 준수에 들어가는 예방비용, 평가(검사)비용, 실패비용으로 나눌 수 있다.

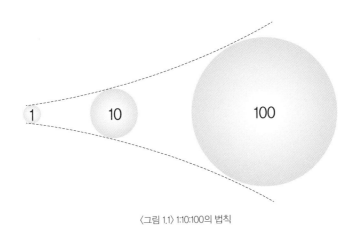

〈그림 1.1〉 1:10:100의 법칙

품질비용을 적게 들이고도 품질 수준을 높일 수 있는 방법은 무엇일까? 이에 대한 답을 얻기 위해서는 〈그림 1.1〉에 나타낸 '1:10:100의 법칙'을 알아야 한다. 최초에 올바르게 하기 위해 투입하는 예방비용의 크기를 1로 둔다면 처음에 제대로 하지 못해 발생한 결함을 찾는 데 투입하는 평가비용은 10배가 된다. 또한 검사를 통해서도 결함을 걸러내지 못해 잘못된 것이 고객에게 전달된다면 이를 사후 조처하는 데에는 100배의 비용이 들어간다는 것이다. 따라서 품질을 높이고도 비용을 줄이는 방법은 '최초에 올바르게 하는 것(DIRTFT: Do It Right The First Time)'이다.

품질수익률(ROQ)

기업의 입장에서 볼 때 기존고객은 단골고객으로 만들고 신규고객을 계속 끌어들일 수 있다면 지속적 성장이 가능하다. 여기에 원가까지 낮출 수 있다면 성장률과 수익률이 모두 좋아진다. 기업의 생존과 번영을 위한 이러한 간단한 원리를 도식적으로 나타낸 것이 〈그림 1.2〉의 'ROQ(Return on Quality) 모형'이다.

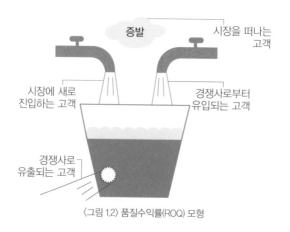

〈그림 1.2〉 품질수익률(ROQ) 모형

〈그림 1.2〉에서 양동이에 담겨 있는 물의 양은 기업의 총매출액, 그중에서 진한 색으로 표시된 부분은 매출원가를 나타낸다. 양동이에 고이는 물의 양은 상단에 있는 두 개의 수도꼭지로부터 들어오는 신규고객의 유입량과 양동이에 뚫린 구멍을 통해 경쟁사로 빠져나가는 기존고객의 유출량에 의해 결정된다.

품질이 좋아지면 고객만족도가 높아져서 기존고객이 이탈하는 양동이의 구멍이 작아지고, 좋은 평판 때문에 양동이 위의 수도꼭지를 통해 들어오는 신규고객의 유입량은 늘어난다. 따라서 양동이에 고이는 물의 양(즉, 매출액)은 늘어나게 마련이다.

또한 최초에 올바르게 하여 품질을 향상시키면 원가가 낮아지므로 이익률도 높아진다. 이처럼 품질 수준을 높이면 매출 규모가 늘어남과 더불어 이익률도 높아지기 때문에 품질에의 투자는 그 자체로서 고수익 사업인 셈이다.

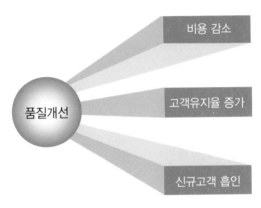

〈그림 1.3〉 ROQ에 영향을 미치는 품질개선의 3가지 효과

참고로 성장산업의 경우는 시장에 신규 진입하는 고객이 지속적으로 늘어나므로 왼쪽 상단의 수도꼭지를 통해 유입될 수 있는 수량이 늘어나는데 반해 사양산업의 경우는 시장을 떠나는 고객을 나타내는 증발량이 커지므로 가용한 수량 자체가 줄어든다. 또한 신사업 개발이나 신수종사업의 육성은 다른 취수원(取水源)을 찾아 새로운 양동이에 물을 담으려 하는 것이라고 볼 수 있다.

품질의 상승효과

장기간 우수한 품질로 신용을 쌓으면 브랜드 가치가 높아진다. 또한 브랜드 가치가 높아지면 동일한 수준의 품질이라도 더 높은 가격을 받을 수 있다. 다음의 〈그림 1.4〉는 오래전 「컨슈머 리포트」지에 발표된 자료인데, 미국 시장에서 판매되던 가정용 VCR의 가격과 품질을 비교한 것이다. 이를 보면 소니는 고품질의 제품을 높은 가격에 판매하고 있었으나, 삼성의 품질은 소니에 뒤지지 않았음에도 불구하고 헐값에 팔리고 있었다. 이것은 품질에 대한 소비자의 인식이 시장 판매가격에 큰 영향을 미친다는 사실을 보여준다.

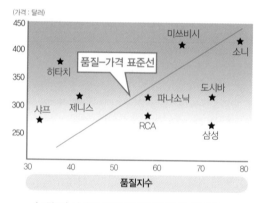

〈그림 1.4〉 과거 미국시장에서의 VCR 품질–가격 비교

그러나 삼성전자는 1993년 신경영을 계기로 '질(質) 위주의 경영'을 강도 높게 지속적으로 추진한 결과 이제는 시장에서 소니의 브랜드 가치를 압도하고 있다. 이처럼 기업이 품질혁신에 성공하여 지속적으로 고품질의 제품을 제공하면 브랜드 인지도가 높아지고, 이에 따라 같은 품질의 제품이라도 더 높은 가격을 받을 수 있다. 또한, 이러한 기업에서 내놓는 신제품이나 신

사업의 경우 높은 브랜드 인지도 때문에 시장에서 실패할 확률이 낮아진다. 이것은 돈으로 환산되지 않는 품질의 또 다른 상승효과이다.

품질의 협곡

미국 전략계획연구소(American Strategic Planning Institute)에서 광범위한 기업을 대상으로 장기간 연구한 결과인 PIMS(Profit Impact of Market Strategy) 데이터베이스에서는 사업의 성공을 좌우하는 가장 중요한 요소가 품질이라는 결론을 내린 바 있다. 기업이 제공하는 제품의 상대적 품질과 가격이 투자수익률(ROI)에 미치는 영향은 요약하면 〈그림 1.5〉와 같다.

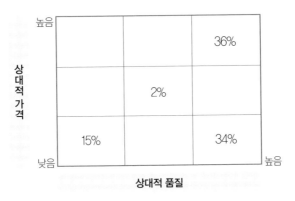

〈그림 1.5〉 품질-가격에 따른 투자수익률(ROI)

품질이 나쁜 제품을 싼 값에 판매하는 기업의 평균 투자수익률은 15%이며, 고품질의 제품을 판매하는 기업의 투자수익률은 30% 이상이다. 그러나 어중간한 품질의 제품을 어중간한 가격에 판매하고 있는 기업의 투자수익률은 2%에 불과하다. 〈그림 1.6〉은 이러한 연구 결과를 달리 표현한 것이다. 저품질 기업에서 고품질 기업으로 발전하기 위해서는 중간단계를 거쳐야 하는데, 이 중간단계에 수익성이 급격히 떨어지는 협곡이 있다. '품질 최우선' 경영을 통해 이 '품질의 협곡'을 건너지 못하면 품질의 상승효과를 누릴 수 없는 것이다.

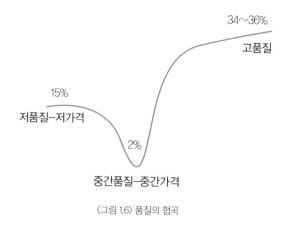

〈그림 1.6〉 품질의 협곡

02 과학적 관리의 태동

생산이란 3M(사람, 설비, 재료), 에너지, 정보 등의 요소를 투입하여 제품과 서비스라는 산출물을 만들어내는 활동이라고 정의할 수 있다. 우리가 흔히 이야기하는 부가가치란 산출요소와 투입요소의 가치 차이, 즉, 생산활동에 의해 더해진 가치를 의미한다. 따라서 낭비란 부가가치에 기여하지 못하는 일체의 요소라고 볼 수 있다. 20세기에 일어난 생산성 혁명의 뿌리가 되었던 '과학적 관리'는 낭비의 철저한 제거를 위해 작업 자체를 과학적 연구의 대상으로 삼았다.

작업연구의 선구자, 길브레스

길브레스(Frank Gilbreth)는 1868년 미국 동북부에 있는 메인(Maine) 주의 페어필드에서 태어났다. 그는 어릴 때 아버지를 여의고 경제적으로 어렵게 지냈는데, 어머니와 함께 보스턴으로 이사하여 고등학교를 겨우 마칠 수 있었다. 매사추세츠공과대학(MIT)에 입학하기를 희망하였으나, 누나의 교육비로 이미 돈이 바닥난 상태였으므로 어머니에게 더 이상 경제적인 염려를 드리지 않기 위해 진학을 포기하고 17살의 나이에

프랭크 길브레스(1868~1924)

건설회사 벽돌공의 견습공으로 취직하였다.

건설현장에서 일하게 된 길브레스는 작업자들의 동작이 사람마다 다른 것을 보고 이것이 큰 문제라고 생각하였다. '이들 중 어떤 방법은 다른 방법보다 더 낫지 않을까? 가장 좋은 작업방법은 하나 밖에 없을 터인데 그렇다면 어떤 방법이 최선일까?' 이러한 의문을 품은 길브레스는 이때부터 '유일한 최선의 작업방법(The One Best Way of Doing Work)'을 찾는 데에 몰두하였다.

당시 벽돌공들의 작업내용은 다음과 같았다.

벽돌이 바닥에 놓여 있었기 때문에 작업자는 허리를 굽혀 벽돌을 집어 올리는 동작을 하루에 천 번 이상 되풀이 하였다. 또한 구운 벽돌은 윗면이 조금 거칠고 넓었기 때문에 벽돌을 집어 올린 다음 손바닥으로 벽돌을 뒤집으면서 상하를 확인해야 했다. 그런 다음 지금까지 쌓아 놓은 벽돌 위에 모르타르를 얹고 흙손으로 이를 두세 번 두드려 편 후 벽돌의 거친 면이 위를 향하도록 놓았다.

길브레스는 이러한 일련의 동작을 분석하여 불필요한 동작은 모두 제거하고, 몇 가지 동작을 하나로 결합하여 18가지의 동작을 5가지로 줄였다. 이러한 개선을 통해 숙련공이 1시간에 120개 정도의 벽돌을 쌓던 것을 350개까지 늘릴 수 있었다. 개선 내용을 좀 더 구체적으로 살펴보면 다음과 같다.

먼저 길브레스는 사람의 신체가 지렛대와 이를 연결하는 관절로 구성되어 있음에 주목하고, 사람의 동작이란 관절을 굽히고 펴서 지렛대 사이의 각도를 조절하는 것으로 이해하였다.

팔목, 팔꿈치, 어깨, 허리 등과 같은 관절을 한번 굽히고 펼 때 걸리는 시간을 비교해 보면 몸의 중심부를 이용할수록 많은 시간이 걸리므로 가능하면 말단의 관절을 이용하는 것이 좋으며, 허리를 굽혔다가 펴는 것이 가장 나쁜 것임을 알 수 있다. 바닥에 놓인 벽돌을 집기 위해 작업자가 허리를 굽히고 펴는 것을 없애기 위해 길브레스는 벽돌을 얹어 두는 작업대와 조절 가능한 발판을 고안하여 허리 동작을 없앴다.

또한 작업에는 기술자만이 할 수 있는 어려운 부분과 누구나 할 수 있는 쉬운 부분이 있기 마련이다. 임금이 싼 보조공들에게는 벽돌의 거친 면이 위를 향하도록 작업대 위에 가지런히 올려두는 일을 맡기고, 기술자는 기술이 필요한 작업에 전념할 수 있도록 하였다. 또한 모르타르의 배합 비율을 최적으로 표준화하여, 벽돌을 모르타르 위에 고정시키기 전에 흙손으로 모르타르를 반복해서 두드려야 하는 일을 제거하였다.

이러한 성과를 통해 길브레스는 통상 3년 정도 소요되는 견습기간을 거치지 않고 감독자로 승진하였다. 27세의 나이에 그는 자신의 회사를 창업하고, 콘크리트 혼합기와 컨베이어 시스템 등에 관한 많은 발명 특허를 취득하였다. 그의 사업은 날로 번창하여 주택 및 공장 건설뿐 아니라 댐건설, 운하건설, 산업설비 등의 분야로 확대되었으며 영국에까지 진출하였다. 유일한 최선의 작업방법을 찾기 위해 그는 다음과 같은 방법들을 개발하였다.

(1) 미세동작연구(Micromotion Study)

작업 동작을 정밀하게 분석하기 위해 촬영법을 도입하였다. 당시 사용된 카메라는 사람이 손으로 크랭크를 돌려 연속 촬영을 하였기 때문에 사진 한 컷 한 컷 사이의 시간 간격이 일정하지 않았다. 이 때문에 화면의 수를 가지고 시간을 환산할 수 없었다. 이를 극복하기 위해 길브레스는 1/2,000분까지 잴 수 있는 마이크로크로노미터(microchronometer)라는 시계를 고안하여 작업자의 동작과 이 시계를 같이 화면에 담았다.

(2) 사이클그래프(Cyclegraph)

작업 동작이 지나간 궤적을 기록으로 남기기 위해 작업자의 손가락이나 신체 끝 부위에 꼬마전구를 달고 주위를 어둡게 한 다음 스틸카메라로 장시간 동안 촬영하는 기법으로서, 작업 동작이 좋을 경우 궤적은 단순하고 일관되게 나타난다.

(3) 크로노사이클그래프(Chronocycle Graph)

사이클그래프를 이용하면 동작 궤적은 기록으로 남길 수 있지만, 동작의 어느 부분에서 속도가 빠르고 느린지는 알 수가 없다. 깜빡등을 부착하고 같은 방법으로 촬영하면 등이 켜지는 순간만 불빛이 기록으로 남게 되므로 동작 궤적이 점선으로 나타난다. 이 경우 동작 속도가 빠르면 빠를수록 점 하나의 길이가 길게 나타나므로 동작의 어느 부분이 빠르고 느린지 알 수 있다.

(4) 동작원소(Therblig)

산소, 수소, 탄소 등과 같은 원소의 결합 방법에 따라 온갖 물질이 나오듯이 사람의 동작도 이를 구성하는 기본요소(동작원소)가 있을 것이라고 생각할 수 있다. 길브레스는 '찾는다', '집는다', '운반한다' 등과 같은 18가지의 동작원소를 찾고, 자기 이름 철자를 거꾸로 배열하여 서블릭(Therblig)이라고 명명하였다. 일련의 작업 동작을 말로 설명하면 복잡하고 불분명하지만, 서블릭 기호로 나타내면 간결하면서도 분명히 알 수 있다.

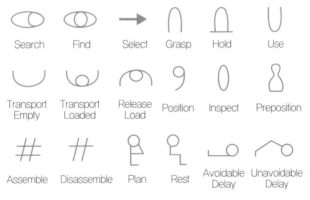

〈그림 2.1〉 서블릭(Therblig) 기호

(5) 공정도(Process Chart)

작업자의 동작뿐 아니라 공정의 흐름을 일목요연하게 알 수 있도록 공정도를 고안한 것도 길브레스이다. 공정도에서는 작업을 5가지 요소(작업, 운반, 검사, 대기, 보관)로 나누어서 표시하고 있다.

공정의 5요소 중 작업을 제외한 나머지 4가지 요소는 모두 부가가치에 기여하지 못하는 낭비적인 요소이며, 부가가치에 기여한다고 생각되는 작업시간 내에도 많은 낭비적인 요소가 포함되어 있다. 따라서 공정도를 이용하여 낭비를 체계적으로 파악하고 이를 제거하면 생산성을 대폭 높일 수 있다.

릴리안 길브레스(1878~1972)

삶과 일의 동반자, 릴리안 길브레스

1904년 36세가 된 길브레스는 삶의 동반자이자 일의 동지가 될 10세 연하의 릴리안(Lillian Moller)과 결혼하게 된다.

릴리안은 캘리포니아 대학에서 영문학을 전공하였는데, 여학생으로는 처음으로 졸업 연설을 맡았다. 이것은 그녀가 개척한 '최초' 기록의 시작이었다. 1915년 그녀는 브라운 대학에서 산업심리학 분야의 첫 번째 박사학위 취득자가 되었으며, 여성으로서는 처음으로 미국 공학한림원의 정회원이 되었다. 또한 릴리안은 퍼듀대학교에서 공학 분야 최초의 여교수가 되었다.

기술자인 남편과 심리학자인 부인은 금슬도 좋았지만 인간의 작업행동을 분석하고 연구하는 데 있어서 더없이 좋은 동료가 되었다. 1924년 남편 프랭크 길브레스가 55세의 나이로 세상을 떠났지만 릴리안은 그 후 48년 동안 남편의 연구를 이어받아 92세까지 활동을 계속하였다.

  길브레스 부부는 12자녀를 두었는데, 그들 중 아들인 프랭크 길브레스 주니어와 딸인 어니스틴 길브레스가 쓴 가족 이야기인 「한 타스면 더 싸다 (Cheaper by the Dozen)」라는 책은 3백만 부 이상 팔린 당대 최고의 베스트셀러였다. 이 책은 영화로도 만들어져 큰 인기를 끌었다.

  이 책을 보면 길브레스는 조끼를 입을 때 단추를 위에서 아래로 채우면 7초가 걸리지만 반대로 하면 3초밖에 소요되지 않으므로 항상 아래쪽부터 단추를 채웠다고 한다. 또한 면도 시간을 단축하기 위해 길브레스는 양손에 면도칼을 하나씩 들고 동시에 사용하여 44초를 절약하였으나, 실수로 목을 베어 붕대를 감느라 2분이나 허비한 것을 두고두고 아쉬워하는 등의 많은 이야기들이 책 속에 재미있게 기술되어 있다.

03 5S 운동과 설비보전

우리나라에서 가장 존경받는 기업인 중 한 사람인 고(故) 박태준 포스코 회장의 공장관리 신조 1호는 '목욕은 안전, 목욕은 품질'이었다고 한다. '몸이 청결해야 정신이 청결해지고 그것이 공장의 청결로 이어진다. 공장의 청결은 제품의 완벽성과 안전사고 예방으로 이어진다'는 것이 그의 생각이었다. 삼성그룹의 창업주인 이병철 회장도 생전에 그의 '목욕론'에 깊이 공감했다고 한다.

청소로 일군 성공신화

일본의 자동차용품 판매회사인 'Yellow Hat'은 연매출 1조 원 규모의 중견기업이다. 이 회사의 창업주인 가기야마 히데사부로(鍵山秀三郎)는 기후현의 농업고등학교를 졸업하고 도쿄에 있는 자동차용품회사에서 일하다가 1961년 독립하여 자전거 한 대로 영업하면서 '로얄'이라는 회사를 창업했다. 1997년 도쿄 증권거래소 제1부에 상장하면서 회사명을 Yellow Hat으로 변경했다.

Yellow Hat 매장 전경

가기야마는 30년 이상 오전 6시에 출근해 맨손으로 화장실 변기와 사원들이 타는 영업용 차량을 깨끗이 닦았다. 그는 다음과 같이 말하고 있다.

"중국 옛말에 '아무리 작은 일도 정성을 담아 10년간 꾸준히 하면 큰 힘이 된다'는 말이 있다. 20년을 하면 두려울 만큼 거대한 힘이 되고, 30년을 하면 역사가 된다고 한다. 청소에 딱 들어맞는 말이다. 처음에는 다들 본 체만체했지만 청소를 시작한 지 10년이 지나니까 몇몇 사원이 동참하고, 20년이 지나니까 선원이 참여하더라. 강요로 시작된 일은 오래가지 않는다. 사원을 바꾸려면 경영자가 묵묵히 솔선하면 된다."

청소할 시간에 매출을 올릴 노력을 하는 것이 더 좋을 것이라는 말을 무수히 들으면서도 수십 년간 한결같이 청소로 일과를 시작한 이유는 무엇이었을까? 이에 대한 그의 대답은 다음과 같다.

"각 가정에 가풍이 있는 것처럼, 회사에는 사풍(社風)이 있다. 나는 이 사풍이야말로 경영을 해나가는 데 있어서 가장 귀중한 것이라고 생각한다. 청소와 기업의 실적 사이에 직접 관련이 있는 것은 아니다. 하지만 인간의 마음이란 눈으로 보는 것에서 벗어날 수 없다. 회사를 깨끗이 하면 사풍이 온화하고 부드러워진다. 서비스에는 크게 기능적인 서비스와 정서적인 서비스가 있다. 지금은 대부분의 고객들이 기능적 서비스는 당연히 받아야 하는 것으로 생각한다. 이제 서비스를 차별화하기 위해서는 매뉴얼로 표현할 수 없는 표정, 인사 등과 같은 정서적 서비스가 중요한 시대가 되었다. 청소하는 사원이 늘어나면서 'Yellow Hat에 오면 마음이 편안하다'고 하는 평판도 함께 늘었다. 이것이 결과적으로 회사의 영업력을 끌어올린 것이 아닌가 생각한다."

'청소든 업무든 평범한 것을 철저하게 계속하면 어떤 일에도 빈틈이 없게 된다'는 것이 그의 생각이다. 이런 의미에서 청소는 그의 좌우명인 '범사철저(凡事撤底)'의 실천 전략이며, 이를 통해 혼자 자전거 행상으로 시작한 생업이 지금과 같이 크게 성장할 수 있었던 것이다.

5S 운동(청정활동)

청소와 청결을 전사적으로 실천하자는 것이 '5S 운동'이다. 5S는 정리, 정돈, 청소, 청결, 정심 또는 습관화를 의미하며, 일본어 발음이 모두 S로 시작되기 때문에 일본에서 붙인 이름이다. 우리말로는 '청'과 '정'으로 시작하기 때문에 '청정활동'이라고 할 수 있는데 그 내용은 〈표 3.1〉과 같다.

간단히 말해 '정리'란 불필요한 것을 없애는 일, '정돈'이란 정리 후에 남은 필요한 것들을 쓰기 좋게 두는 일, '청소'는 말 그대로 쓸고 닦아서 깨끗하게 만드는 일, '청결'이란 청소가 필요 없도록 깨끗한 상태를 유지하는 일, '정심' 또는 '습관화'란 이상의 4가지 일을 항상 준수하는 것을 말한다.

구 분	내 용
정리(整理, Seiri)	필요한 것과 불필요한 것을 구별하여, 불필요한 것을 없애는 일
정돈(整頓, Seiton)	필요한 것을 안전·품질·능률에 맞도록 최적의 위치에 두는 일
청소(清掃, Seiso)	쓸고 닦아서 깨끗하게 만드는 일
청결(清潔, Seiketsu)	깨끗한 상태를 유지하는 일
정심 또는 습관화 (躾, Shitsuke)	해야 할 일과 지켜야 할 일을 확실히 하는 습관

목시관리(目視管理)

목시관리 또는 가시관리(可視管理)는 5S 운동의 추진방법 중 정돈의 대표적 방법으로서 매우 중요하다. 조사나 분석을 해봐야 정상인지 이상인지를 판별할 수 있다면 일상관리가 제대로 이루어질 수 없다. 눈으로 보기만 해도 정상인지 이상인지 알 수 있도록 하자는 것이 목시관리의 기본개념이다. 여기서 중요한 것은 업무를 잘 아는 '담당자의 눈'이 아니라 문외한인 '제3자의 눈'이다.

목시관리의 고전적인 방법으로는 간판작전(看板作戰)과 형적관리(形迹管理)가 있다. 간판작전이란 무엇이(품목), 어디에(장소), 얼마만큼(수량) 있는지 또는 설비의 종류 및 관리 포인트 등을 볼 수 있도록 명확하게 표시하는 것을 말한다.

형적관리는 공구 보관대에 밑그림을 그려 공구의 보관 위치를 표시하는 것을 말한다. 이렇게 하면 어떤 공구가 보관대에 없는지 또한 사용하고 난 공구를 어디에 두어야 하는지 누구라도 명확하게 알 수 있다.

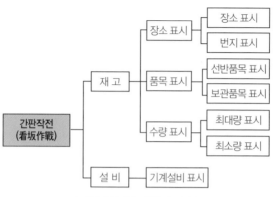

〈그림 3.1〉 간판을 이용한 목시관리

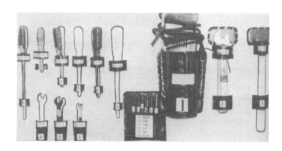

〈그림 3.2〉 형적을 이용한 목시관리

  우리나라 한 특급호텔의 주방에서는 5가지 색상의 칼과 도마를 사용하고 있다. 쇠고기는 빨간색, 생선은 파란색, 돼지고기와 가금류는 노란색, 야채는 초록색, 즉석식품은 흰색 칼과 도마를 사용하고 있다. 육류나 생선을 자른 칼과 도마로 야채 등 다른 재료를 손질하면 교차오염이 생길 수 있기 때문이다. 이것은 목시관리의 좋은 예이다. 이 호텔은 우리나라 호텔 최초로 위해요소중점관리기준(HACCP) 인증을 받았으며, 아시아 태평양 지역의 110개 특급호텔 중 위생관리 분야에서 최고의 성적을 거둔 바 있다.

청소는 점검이다

'설비가 일생동안 생산성이 높은 상태로 유지될 수 있도록 관리하자'는 것을 전사적 설비보전(TPM, Total Productive Maintenance)이라고 하는데, 이것은 미국 GE에서 개발한 생산보전의 개념을 발전시킨 것이다. 생산보전(PM, Productive Maintenance)은 다음과 같은 요소로 구성되어 있다.

- **사후보전(BM, Breakdown Maintenance)**
  고장정지 또는 성능저하로 인해 발생하는 문제를 사후 수리를 통해 해결하려는 활동
- **개량보전(CM, Corrective Maintenance)**
  설비의 신뢰성, 보전성, 경제성, 조작성, 안전성 등을 높이기 위해 설비의 재질이나 구조를 개량하는 활동
- **예방보전(PM, Preventive Maintenance)**
  정기적인 점검과 조기 수리를 통해 설비의 고장을 미연에 방지하고 수명을 연장하려는 활동
- **보전예방(MP, Maintenance Prevention)**
  신설비의 설계 시 보전정보나 새로운 기술 등을 활용하여 보전의 필요성이나 열화손실을 가능한 한 사전에 방지하려는 활동

일본전장(日本電裝)에서는 설비관리 전문가 중심의 생산보전 활동만으로는 설비의 효율을 극대화할 수 없다는 것을 깨닫고, 설비를 사용하는 오퍼레이터들이 '내 설비는 내가 지킨다'는 자주보전의 개념을 추가한 TPM을 추진하였다.

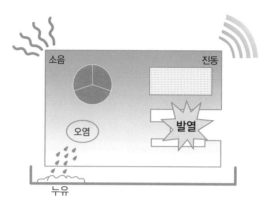

〈그림 3.3〉 설비 고장의 초기 증상

　자주보전에서는 설비의 청소를 무엇보다 중요하게 생각하고 있다. 왜냐하면 설비를 청소하는 중에 설비 고장의 초기 증상인 미결함을 발견할 수 있기 때문이다. 예를 들어, 청소 중에 예전과는 다른 설비의 소음을 귀로 들을 수 있고, 설비의 발열을 손으로 느낄 수 있고, 기름이 새는 것을 눈으로 볼 수 있다.

　만성로스의 원인이 되는 미결함을 방치하면 설비의 기능이 저하되는 중결함으로 변하고, 중결함을 방치하면 종국적으로 설비의 기능이 멈추는 대결함으로 악화된다. 이러한 의미에서 TPM은 '청소는 점검이다'라는 것을 강조하고 있다.

04 무결점(ZD) 운동

품질의 역사상 가장 큰 철학적 혁명은 '품질의 표준은 무결점(ZD)'이라는 것이었다. ZD를 표준으로 삼는다는 것은 '최초에 올바르게 하는 것(DIRTFT, Do It Right The First Time)'을 의미한다. '품질을 높이면 원가도 줄어든다'는 현대적 품질경영의 핵심적 사상도 여기서 나왔다. 식스시그마를 포함한 모든 품질혁신 전략의 원조(元祖)는 ZD라고 볼 수 있다.

부다페스트 소녀의 죽음

스탈린이 사망한 후 스탈린에 대한 비판이 일어나자 1956년 당시 헝가리의 임레 나지(Imre Nagy) 수상은 바르샤바조약기구를 탈퇴하고 중립국으로의 전환을 추진한다. 아울러 나지 수상이 공산당의 일당 독재를 포기하면서 자유주의적 복수정당제도를 채택하고 집단농장체제를 포기하는 등 일련의 개혁 조치들을 발표하자 크렘린은 크게 분노하였다.

당시 소련의 공산당 서기장 흐루시초프(Nikita Khrushchyov)는 3만 명의 군대를 동원하여 부다페스트로 진격한다. 침략자에 맞선 헝가리 시민들과 정부군은 완강하게 저항하지만 소련군의 무자비한 공격에 2천 5백 명이 사망하고 1만 3천 명이 부상하는 등 큰 희생을 보고 결국은 점령당한다.

헝가리 주재 유고슬라비아 대사관으로 피신한 나지 수상은 신변안전을 보장 받고 대사관 밖으로 나왔지만 현장에서 체포되어 2년간 구금되어 있다가 처형당한다. 쇠사슬에 묶인 채 타르용지에 둘둘 말린 상태로 공동묘지에 매장된 그의 시신은 1989년 발견되었다.

소련이 부다페스트를 침공한 1956년, 김춘수 시인은 총에 맞아 숨진 13살의 한 헝가리 소녀에 관한 짧은 외신 기사와 사진을 보고 다음과 같이 썼다.

"너는 열세 살이라고 그랬다.
네 죽음에서는 한 송이 꽃도
흰 깃의 한 마리 비둘기도 날지 않았다.
네 죽음을 보듬고 부다페스트의 밤은 목놓아 울 수도 없었다.
죽어서 한결 가비여운 네 영혼은
감시의 일만(一萬)의 눈초리도 미칠 수 없는
다뉴브 강 푸른 물결 위에 와서
오히려 죽지 못한 사람들을 위하여 소리 높이 울었다."

이것은 '부다페스트의 소녀의 죽음'이라는 시의 일부분이다.

무결점(ZD) 운동

헝가리 혁명이 소련의 무력에 의해 좌절되고 난 후 북대서양조약기구 (NATO)의 임원들은 소련이 유럽의 심장부로 더 가까이 침공할 것을 우려해 신속히 대응하였다. 만약 NATO에 속해있는 어떤 국가라도 공격당한다면 미국은 대규모의 핵공격으로 반격할 것을 천명하였다.

그러나 이러한 전략을 뒷받침하려면 소련이 철의 장막 서쪽으로 세력을 확장하려 했다가는 갑절 이상 당할 것이라는 것을 각인시킬 수 있는 강력한 무기를 서독에 배치할 필요가 있었다. 1958년 1월 7일 미국 국방부는 기존의 낡고 육중한 레드스톤 미사일을 대체할 신형 탄도 핵미사일 개발을 승인하고 7개 업체에 제안요청서(RFP)를 발송하였다.

입찰 결과 마틴(Martin)사의 제안이 선정되었다. 마틴사가 제안한 퍼싱 (Pershing) 미사일은 헬리콥터나 비행기로 쉽게 옮길 수 있고, 혹독한 기후조건에도 견딜 수 있을 뿐 아니라 잘 훈련된 중대 병력만 있으면 명령이 떨어지는 즉시 발사 가능하였다.

마틴사에서 만든 퍼싱 미사일

2차 세계대전 중에는 신속한 실전 배치를 위하여 항공기의 설계와 제작에 있어서 사소한 결함들은 용인되었다. 이러한 결함들은 일상적 정비와 수리를 통해 제거되었다. 그러나 종전 후 항공시대에서 우주시대로 접어들자 이러한 관행은 더 이상 지속되기 어려웠다. 한 번 발사된 로켓을 회수하여 격납고에서 수리하는 일은 불가능하다. 작은 결함도 치명적 결과를 초래하는 시대가 온 것이다.

1962년 퍼싱 미사일을 제조하던 마틴사의 플로리다 올랜도 공장에서는 획기적인 품질 프로그램을 도입하였다. 그것은 현대적 품질경영의 원조가 된 무결점(ZD, Zero Defects) 운동이었다. 퍼싱 미사일 프로그램의 품질 책임자로 있던 필립 크로스비(Philip Crosby)는 ZD를 위한 4가지 원칙을 확립하였다.

- 품질이란 요구사항에 대한 적합도이다.
- 검사를 통해 결함을 수정하기보다는 결함 발생을 사전에 방지해야 한다.
- 무결점(ZD)이 품질의 표준이다.
- 품질은 부적합비용이라는 금전적 척도로 측정된다.

간단히 말해, 사후에 실수를 수정하는 것보다 최초에 올바르게 하는 것이 더 좋다는 것이었다. ZD라는 새로운 표준을 적용함으로써 퍼싱 미사일 프로그램의 전반적 검사 불합격률을 25% 낮추고 폐기비용도 30% 줄일 수 있었다.

ZD는 '더 좋은' 제품을 '더 싸게' 제조하는 것을 의미하였다. 마틴사의 성과와 더불어 미국 국방부의 권장으로 인해 ZD 프로그램은 군수업체 전반으로 보급되었으며 이후 다른 업종으로 계속 확산되었다. 포드, GM, 크라이슬러 등과 같은 자동차 제조업체도 모두 ZD를 채택하였다.

ECR(Error Cause Removal)

매사추세츠 주(州) 린(Lynn)에 있는 GE의 항공기 엔진 공장도 ZD를 도입하였다. 이 공장에서는 '실수(Error)'의 '원인(Cause)'을 찾아서 '제거 (Removal)'하자는 ECR을 ZD에 접목하여 큰 성과를 거두었다. ECR을 고 안한 배경을 요약하면 다음과 같다.

- 현장 작업자들이 최초에 올바르게 하려고 해도 그렇게 할 수 없는 원인이 있다.
- 그 원인이 제거되지 않으면 ZD를 실현할수 없다.
- 관리자들은 결함을 유발하는 원인을 제거해 주어야 한다.
- 그러나 관리자들은 결함을 유발하는 원인을 알지 못한다. 현장에서 직접 일하는 작업자들만 그것을 알고 있다.
- 그러므로 현장 작업자들은 결함을 유발하는 원인을 관리자들이 알 수 있도록 알려 주어야 한다.

실수의 원인을 쉽게 보고(報告)할 수 있도록 표준양식을 만들어 작업자 들에게 배포하였다. 이 양식은 세 개의 부분으로 구성되어 있었는데 다음 과 같은 절차에 따라 운영되었다.

- 작업자가 실수를 유발하는 원인에 대해 아는 것이 있다면 양식의 첫 번째 부분에 간략히 기술한 다음 감독자에게 전달한다. 만약 그것을 제거하기 위한 아이디어가 있다면 함께 기록하여 제출한다.
- 작업자로부터 양식의 첫 번째 부분을 전달받은 감독자는 기록된 내

용을 점검하고, 필요할 경우 실수의 원인을 확인하기 위해 추가적인 정보를 구한다.

- 감독자는 양식의 세 번째 부분에 서명하고 제안이 접수되었다는 증거로 해당 작업자에게 이를 돌려준다.
- 감독자는 접수된 실수의 원인을 면밀히 검토하고 이를 제거하기 위한 적절한 조처를 취한다.
- 대부분의 경우 감독자나 현장 직반장(職班長)에 의해 문제를 유발한 원인이 제거되는데, 이 경우 실수의 원인을 제거하기 위해 어떤 조처를 취했는지 양식의 두 번째 부분에 기록한 후 이를 해당 작업자에게 전달한다. 또한 문제의 원인을 보고한 작업자가 포상을 받을 수 있도록 사본 1부를 ZD 프로그램 관리자에게 전달한다.
- 만약 접수된 실수의 원인을 일선 감독자나 해당 부문에서 제거할 수 없을 경우에는 조직 내 더 높은 수준에 이의 해결을 의뢰하기 위해 작업장 책임자는 필요한 제언을 ECR 양식에 기록하고 이를 ZD 프로그램 관리자에게 보낸다.

필요한 조처라면 무엇이든 신속하게 실행하고 문제를 제안한 작업자에게 알려주었다. 신속한 조처와 피드백은 ECR 제도의 성공적 운영에 크게 기여하였다. 설령 보고된 원인이 사실과 다르거나 제도에 대한 작업자의 오해가 있었다고 하더라도 해당 작업자가 추가적인 제안을 하는 용기를 잃지 않도록 적절하게 피드백하였다. ECR 자체로도 훌륭한 품질개선의 수단이었지만 ZD 프로그램과 함께 적용함으로써 더 큰 성과를 거둘 수 있었다.

ZD의 의미

품질의 발전에 있어서 ZD는 매우 중요한 의미를 갖는다. 당시 품질관리 전문가들은 완전무결이라는 것은 현실적으로 불가능하다고 생각했기 때문에 이를 작업자들에게 요구한 적이 없었다. 그러나 ZD를 도입한 마틴사에서는 작업자들이 이를 받아들였고, ZD를 통해 실제로 큰 성과를 얻었으며, 작업자들도 자신들이 이룬 성과에 대해 자긍심을 가졌다. ZD를 통해 얻은 중요한 교훈은 다음과 같다.

첫째, 완전무결을 품질의 목표로 삼고 그것을 조직 내에 주지시켜야 한다. 어느 정도의 불량이 발생하는 것은 현실적으로 불가피하다는 안일한 자세로는 결코 품질혁신을 이룰 수 없다. 무결점이란 목표는 매우 단순하여 누구라도 쉽게 이해할 수 있다. 완전무결이 현실적으로 불가능하다고 할지라도 작업자들에게 자신이 맡은 일을 매번 올바르게 하는 것이 품질의 표준이라는 것을 인지시켜야 한다.

둘째, 품질을 높이면 원가도 줄어든다. 경영자들이 품질을 '최우선'으로 하지 않는 이유는 '품질을 높이려면 비용이 더 들어간다'는 잘못된 인식을 갖고 있기 때문이다. 이런 점에서 품질혁신을 가로막는 가장 큰 심리적 장벽은 품질을 높이려면 비용이 더 들어간다는 오해이다. ZD를 통해 '품질을 높이려면 최초에 올바르게 하는 것이 무엇보다 중요하며, 또한 그렇게 노력하면 원가가 줄어든다'는 것을 실제로 경험할 수 있었다.

셋째, 품질에 대한 최종 책임은 경영진에게 있다. 흔히들 '품질은 작업자의 손끝에서 나온다'고 한다. 이 말은 일견 맞는 듯 하지만 오해의 소지가 크다. 품질이 작업자의 손끝에서 나온다면 품질에 대한 책임은 본질적으로 작업자에게 있으며 경영관리층에는 실질적인 책임이 없다고 생각할 수 있다. 품질에 대한 책임이 일선 작업자에게 있다는 선입관이 잘못되었다는 것을 설명하기 위해 크로스비는 다음과 같은 비유를 들고 있다.

"감옥에 있는 죄수들의 대부분이 빈민층 출신이라고 하여 범죄에 대한 책임을 경제적으로 곤궁한 사람들에게 돌리는 것은 잘못된 일이다. 중·상류층에 의해 이루어지는 범죄율도 빈민층의 범죄율보다 결코 적지 않으나, 중·상류층에 의해 저질러지는 범죄는 잘 드러나지 않을 뿐이다. 컴퓨터 범죄와 같이 심각한 범죄는 고등교육을 받은 자만이 저지를 수 있는 것이다."

ECR에서 볼 수 있듯이 결함을 유발하는 원인은 대부분 시스템 내에 있으며 이를 제거해야 할 책임은 경영관리층에 있다. 데밍 박사나 주란 박사의 지적에 의하면 현장에서 발생하는 문제 중 작업자들이 직접 통제할 수 있는 것은 20% 미만이며, 80% 이상은 작업자들의 능력 밖에 있는 시스템 자체의 결함으로 인한 것이다.

ZD가 과거의 유산이 된 이유

적어도 식스시그마 품질혁신이 나오기 이전까지 품질의 역사상 가장 큰 영향을 미쳤던 ZD는 그리 오래가지 못했다. ZD를 도입한 대부분의 기업들은 1년 정도 지나면 열의와 활동이 현저하게 줄어드는 것을 경험하였다.

ZD 프로그램을 창안한 필립 크로스비는 ZD가 실패한 이유는 '납기와 원가 압박 때문에 규격에 부합하지 않는 것들을 여전히 내보내고자 하는 경영진의 이중적 태도'가 원인이었다고 진단하였다. 또한 ZD에 대해 진지하게 생각해 본 적이 없는 세칭 전문가라는 사람들이 'ZD는 유치한 발상이고, 동기부여에만 치중하며, 비현실적'이라고 폄하하고 있다며 불만을 토로하였다. ZD는 일과성 프로그램이 결코 아니며 시대가 변해도 여전히 유효한 진리라고 주장하였다.

주란 박사와 이시카와 박사는 ZD 운동이 실패한 이유에 대해 자신들의 생각을 비교적 자세하게 기술한 바 있다. 이들의 지적 중 다음과 같은 것들은 귀담아 들을 만하다.

- ZD는 단순한 정신운동에 불과하였다. 정신 차려서 열심히 하면 무결점을 실현할 수 있다고 생각했기 때문에 품질기법에 대한 교육이 없었다. 이것은 마치 빈손으로 병사를 전쟁터에 내보내는 것과 같다.
- 자발적 개선운동이 아니었다. 미국에서는 테일러(Frederick Taylor)의 사고방식이 강한 영향을 미치고 있었기 때문에 '기술자가 표준을 만들면 작업자는 이를 준수하기만 하면 된다'는 생각이 만연하였다. 이것은 ZD 운동이 '상부의 결정에 따라 아래에서 일제히 함께 시작하는 킥오프(kick off) 방식'이었다는 것에서도 알 수 있다.
- 보이기 위한 운동으로 전락하였다. 미국 국방부가 이를 권장하였기 때문에 군수업체에서는 이를 도입하지 않을 수 없었다. ZD 운동에 참여한 대다수의 기업이 국방부와 계약관계에 있었다는 것이 이를 방증한다.

05 소집단 개선활동

강력한 토네이도의 파괴력은 2차 세계대전 중 일본 히로시마에 투하된 원자폭탄보다 수백 배 더 크다고 한다. 자동차가 휴지조각처럼 날아다니고 집이 통째로 날아가며 큰 나무가 뿌리째 뽑혀 토네이도가 지나간 자리는 그야말로 쑥대밭으로 변하지만 땅 위의 작은 잔디만은 온전히 보존된다. 이것은 풀뿌리의 강인한 생명력을 잘 보여준다. 소집단 개선활동과 제안제도는 품질경영의 풀뿌리(grassroots)이다.

데밍 신화의 탄생

1993년 12월 만 93세를 넘기고 세상을 뜬 데밍(William Deming) 박사는 이제 품질의 전설적 인물이 되었다. 그가 일본을 처음 방문한 것은 1947년이었다. 2차 세계대전 종전 후 일본을 점령한 연합군 총사령관 맥아더 장군이 관장하던 군정청(軍政廳)이 1951년에 실시할 예정이었던 대규모 인구조사의 샘플링에 대한 자문에 응하기 위해서였다.

이것이 인연이 되어 데밍 박사는 일본과학기술연맹(JUSE, Japanese

Union of Scientists and Engineers)의 초청으로 1950년 일본을 다시 방문하게 된다. 1946년 설립된 JUSE의 초대 회장은 이시카와 이치로(石川一郎)였는데 그는 1948년 발족한 일본 경제단체연합회의 초대 회장도 함께 맡았다. 이 때문에 일본의 과학기술계와 경제계는 강력한 유대관계를 형성할 수 있었다.

JUSE의 초청으로 1950년 6월 일본에 온 데밍의 첫 강의는 도쿄대학에서 개최되었는데 정부 관료, 대학 교수 및 학생을 포함하여 5백 명 이상이 참석하는 대성황을 이루었다. 도쿄에서 시작한 그의 품질 강의는 전국 주요 도시를 순회하며 10여 차례 계속되었다. 부과장(部課長)과 기술자를 위한 8일 과정의 통계적 품질관리 세미나도 개최되었는데 강의의 주요 내용은 다음과 같았다.

- 품질을 향상시키기 위한 PDCA(Plan-Do-Check-Action)의 회전
- 통계적 분산(分散)에 대한 이해의 중요성
- 관리도를 중심으로 한 공정관리 방법

데밍의 강의는 워낙 명쾌하여 수강생은 물론 과학기술연맹 관계자들도 깊은 감명을 받았다고 한다. 이뿐 아니라 1일 과정의 최고경영자 특별 세미나를 하코네(箱根)에서 개최하였는데 이것이 일본 경영자들에게 큰 자극이 되었다.

데밍은 샘플링 분야의 전문가임에도 불구하고 품질에 대한 폭넓은 이해와 깊은 통찰력을 가지고 있었다. 또한 데밍은 겸손하고 친근한 태도로 일본인들의 호감을 샀다. 이후 그는 1951년과 1952년 연속하여 일본을 다시

방문하고, 그 이후에도 기회가 있을 때마다 일본에 들러 품질 지도를 계속하였다.

JUSE는 품질관리의 보급을 촉진하기 위해 데밍의 8일짜리 강의 교안을 영어와 일어로 출간하였다. 데밍은 이 교안의 인세(印稅)를 개인적으로 갖지 않고 기부하였다. 비록 소액이지만 상징적 의미를 생각하여 JUSE는 이를 품질상 제정을 위한 기금으로 사용하였다. 이렇게 해서 탄생한 것이 1988년 미국의 말콤 볼드리지 국가품질상이 나오기 전까지 최고의 권위를 자랑하던 '데밍상(Deming Prize)'이다.

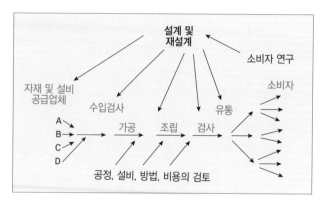

〈그림 5.1〉 데밍의 흐름도

데밍의 흐름도

1950년 8월 하코네에서 개최된 최고경영자 세미나에서 데밍은 〈그림 5.1〉과 같은 흐름도를 처음으로 사용하였다. 이 그림은 생산을 '시스템' 관점으로 표현한 것이다. 구입한 원재료는 수입검사를 거친 뒤 내부 공정으로 투입되어 가공·조립·검사의 과정을 거친 후 고객에게 전달되며, 고객에게 전달된 이후에도 고객의 의견을 제품이나 서비스의 설계 및 재설계에 반영할 수 있도록 피드백하는 전체 순환 고리(loop)가 하나의 시스템이다. 자신이 수행하는 특정 업무에 시선을 고정시키지 말고 이러한 시스템 전체를 보아야 한다는 것이다.

시스템이란 공동의 목표 달성을 위해 함께 노력하는 상호 의존적인 요소들로 이루어진 네트워크이다. 시스템이 높은 성과를 내려면 '자신의 목표'가 아니라 '공동의 목표'를 위해 일해야 한다. 구성요소들이 자신의 목표를 위해서 서로 경쟁하거나 자신의 업무만 생각하는 것은 시스템적 관점이 아니다. 공동의 목표 달성을 위해 서로 협력하는 것이 시스템이다. 예를 들면 품질향상과 원가절감을 위해서는 협력업체와 상호 신뢰하는 장기적 동반자 관계가 좋은 조건을 찾아 수시로 옮기는 경쟁적 관계보다 좋다.

데밍의 흐름도를 다른 관점에서 보면, 모두가 개선활동에 동참해야만 시스템을 구성하는 고리가 순환되면서 시스템의 수준이 나선(나사모양의 곡선)처럼 지속적으로 상승할 수 있다. '전사적' 품질경영이란 '모두'가 개선활동에 동참하는 것이다. 모두가 개선활동에 동참하면 일상적인 일이 반복되는 속에서도 끊임없는 개선이 이루어진다. 지식경영의 세계적 권위자인 노나카 이쿠지로(野中郁次郎) 교수가 말한 '창의적 일상(Creative Routine)'이란 바로 이런 모습이다.

품질분임조의 기원

일상적 일을 반복하면서도 지속적 개선이 이루어지는 '창의적 일상'을 구현하는 효과적 방법이 없을까? 반세기 이상 효과적으로 사용되어 온 두

가지 방법이 있다. 하나는 '소집단 개선활동'이고, 다른 하나는 '종업원 제안제도'이다.

1949년에 결성된 JUSE 산하(傘下)의 '품질관리연구그룹(QCRG, Quality Control Research Group)' 멤버들은 훗날 일본의 품질관리를 이끄는 주역들이 되었다. 도쿄대학교에서 화학공학 박사학위를 받은 이시카와 카오루(石川馨)도 멤버 중 하나였는데 그는 JUSE의 회장을 맡고 있던 이시카와 이치로의 장남이었다.

이시카와 카오루는 1949년 QCRG가 개설한 품질관리 기초과정의 강사로 참여하면서 품질 교육에 보람을 느꼈다. 그는 이후 기술자, 중간관리자, 경영자 등과 같은 다양한 계층을 대상으로 품질 교육을 실시하였다. 그러나 관리자나 기술자들에게 아무리 고도의 품질교육을 실시한다고 해도 현장이 뒷받침해 주지 못하면 좋은 제품이 나올 수 없다.

1960년 3월 월간 「품질관리」의 창간 10주년 기념행사의 일환으로 직조장(職組長), 소비자, 고등학교 교사를 대상으로 특집호를 발행했는데 특히 직조장을 대상으로 한 것이 호응이 컸다. 또한 1961년 11월호 「품질관리」에 실을 현장장(現場長) 특집 기사를 준비하기 위해 여러 기업의 직조장을 초청하여 좌담회를 개최하였다. 이 좌담회의 참석자들은 모두 한결같이 "우리들이 공부할 수 있는 도서가 필요하다. 가능하다면 잡지를 발간해 달라"고 이야기하였다. 이것이 계기가 되어 월간지 「현장과 QC」가 창간되었다.

1942년 4월 「현장과 QC」의 창간호 발매에 즈음하여 이 잡지의 편집위원장을 맡고 있던 이시카와 카오루는 'QC서클(circle)'이라는 이름의 소집단 품질활동을 시작하자고 호소하였다. 이시카와 카오루가 품질분임조 활동을 제창한 배경에는 크게 다음과 같은 두 가지 이유가 있었다.

첫째, 직조장들은 공부하는 습관이 몸에 배어 있지 않았기 때문에 애써서 그들을 위한 잡지를 발간하더라도 읽지 않을 것이라는 우려가 있었다. 혼자 공부하는 것을 기대하기 힘들다면 그룹을 만들어서 윤독회(輪讀會) 방식으로 이 잡지를 공부하는 모임을 만들어야겠다고 생각했다. 이와 관련하여 이시카와는 다음과 같이 자신의 생각을 밝힌 바 있다.

"QC서클을 잘 모르는 사람들은 개선을 행하는 그룹이라고 생각하는데 이것은 틀린 것이다. 일차적으로는 공부하는 그룹이고 재발방지를 위한 관리를 실행하는 그룹이다."

둘째, 품질관리는 책상머리에서 공부한 것만으로는 아무런 쓸모가 없다. 공부한 것을 즉시 자신의 직장에 응용하고, 학습한 간단한 품질기법을 자기 직장의 문제해결에 활용해야 한다는 것이었다. 이를 위해서는 그룹으로 활동하는 것이 바람직하다.

품질분임조의 운영

(1) 품질분임조 활동의 시작

먼저 분임조의 리더(분임조장)가 될 사람을 모집하고 품질관리의 기초, 품질분임조 활동, 기본적인 품질기법 등을 교육한다. 교육받은 리더는 분임조 활동을 함께 할 다른 동료들을 모집한다. 이때 총 인원수는 10명 이내로 제한한다. 인원이 너무 많으면 전원 참가의 활동이 어렵기 때문이다. 일반적으로 분임조 낭 인원수는 3~6명 정도가 좋다.

분임조의 리더는 직조장(職組長)과 같은 일선 책임자가 처음 얼마간은 좋다. 그러나 어느 정도 활동이 진행되면 호선(互選)으로 결정하거나 직제

(職制)에 구애받지 않는 다른 방법을 사용하는 것이 좋다.

(2) 문제해결 절차

분임조가 자신의 문제를 해결하기 위해 사용하는 표준적 절차를 'QC 스토리'라고 한다. 이것은 원래 품질관리 활동에 대한 보고 절차로 고안된 것이지만 문제해결의 절차로 널리 사용된다. QC 스토리는 다음과 같은 9가지 단계로 구성되어 있다.

① 주제 결정
② 주제로 선정한 이유
③ 현상 파악
④ 해석 – 원인의 추구
⑤ 대책의 도출과 실행
⑥ 효과 확인
⑦ 표준화 – 개선효과의 유지관리
⑧ 반성 및 남은 문제점
⑨ 향후 계획

(3) 품질분임조 활동의 평가

분임조 활동은 그 성과만으로 평가해서는 안된다. 특히 금전적 효과는 맡은 일에 따라 크게 차이가 있으므로 주의할 필요가 있다. 예를 들어 양산(量産)을 담당하는 현장에서는 조금만 개선해도 큰 재무적 효과가 있지만 간접 부문은 개선을 해도 재무적 효과가 크지 않거나 재무적 효과를 측

정하기 힘든 경우가 많다. 또한 오랜 기간의 개선활동을 통해 상당한 수준
으로 올라가고 나면 재무적 효과가 큰 개선 주제를 발굴하기 어려운 경우
도 많다.

따라서 분임조 활동의 평가는 문제를 해결하려는 자세와 열의, 그룹 구
성원들 사이의 상호협력, 문제해결을 위한 체계적 접근 등을 중점적으로
볼 필요가 있다. 〈표 5.1〉은 평가항목별 상대적 비중의 일례이다.

평가 항목	배 점
주제 선정	20점
상호협력 및 노력도	20점
현상 파악과 원인 분석	30점
효과	10점
표준화와 재발방지	10점
반 성	10점
총 점	100점

〈표 5.1〉 분임조 활동 평가표의 예

1962년 같은 해에 시작된 무결점(ZD) 운동은 품질의 무대에서 사라졌
지만 품질분임조는 아직도 생명력을 유지하고 있다. 그 이유는 단순한 정
신운동에 머무른 ZD 운동과 달리 품질분임조 활동은 배우고 실천하는 '지
행합일(知行合一)'을 추구하면서 문제해결의 절차와 기법들에 대한 교육과
학습의 장(場)을 제공했기 때문이다. 또한 계약관계 때문에 보이기 위한
운동으로 전락한 ZD와는 달리 분임조 활동은 자기계발과 상호계발을 위한
자주적인 활동으로 자리매김했기 때문이다.

06 종업원 제안제도

현업을 가장 잘 아는 사람들은 일선에서 직접 일하고 있는 종업원들이다. 따라서 업무 생산성을 높이고 싶다면 일선 직원들의 실천적 경험에서 나오는 지혜를 구해야 한다. 종업원 제안제도란 원가절감, 생산성 향상, 업무환경 개선, 작업안전 확보, 고객서비스 개선 등에 관한 아이디어를 일선 직원들로부터 얻고 이를 적극적으로 활용하려는 다양한 노력을 총칭한다.

베짱이들의 천국

전(全) 직원 정년 70세 보장, 연간 휴일 140일 이상, 직원들의 출·퇴근 교통 편의를 고려하여 일일 근무시간 45분 단축, 잔업은 없지만 급여는 잔업있는 타회사와 동등, 육아휴직 3년, 그럼에도 불구하고 1965년 창사 이래 연속 흑자.

잘 나가는 첨단기업 이야기가 아니다. 전기설비 자재, 관재(管材) 등을 만드는 미라이공업(未來工業)의 이야기이다. 일본 기후현(岐阜県)에 있는 이 기업은 종업원 800명, 연매출 250억 엔 규모의 중견 제조업체이다. 연극 극단 감독자 출신의 창업자 야마다 아키오(山田昭男)는 현재 일선에서 물러나 상담역(相談役)을 맡고 있다.

미라이공업은 직원들의 개성을 존중하기 위해 유니폼을 없애고 대신 유니폼 수당 1만 엔을 매년 현금으로 지급한다. '피부색도 다르고 체형도 다른 사원, 흰색을 좋아하는 사원, 노란색을 좋아하는 사원 등 십인십색의 사원들에게 회사가 일방적으로 정한 같은 색, 같은 디자인의 유니폼을 입히게 되면 개성을 살릴 수가 없다'는 것이 그 이유다.

직원의 행복과 만족을 최우선으로 하는 경영철학은 젊은 시절 극단 대표를 맡았던 창업자의 경험에서 우러나온 것이다. "연극을 하다 보면 객석에 감동을 주는 이가 감독이 아니고 배우라는 사실을 알게 된다. 감독은 막이 오르면 무대 뒤에 설 수밖에 없다. 마찬가지로 경영의 주체는 직원이다. 경영진이 직원을 감동시켜야 하는 이유가 여기에 있다"고 그는 말한다.

자린고비 경영의 극치

직원들에게 이토록 잘해주려면 문제는 돈이다. 독점적 상품을 공급하고 있어서 가격결정권을 쥐고 있지 않는 이상 철저한 낭비의 제거를 통해 이윤을 확보해야 한다. 따라서 미라이공업은 사원들에겐 너그럽지만 불필요한 낭비엔 매우 엄격하다.

우선 수십 년간 계속 흑자를 내고 있는 기업치곤 회사 위치가 이상하다. 본사는 논두렁 한가운데에 있다. 게다가 회사의 현관과 복도에 조명등의 숫자를 줄였기 때문에 외부 방문자가 유령공장처럼 느낄 정도로 어둡다. 낮에는 불을 켜지 않는 게 원칙이다. 생산·근무공간에는 손쉽게 끄도록 형광등에 끈을 달았다. 형광등마다 담당자를 붙여 관리한다. 자리를 비울 때 당기기만 하면 전기절약이 가능하도록 했다. 사용하지 않는 공간은 완전히 단전된다. 복사기도 380명당 한 대꼴로 본사에 두 대밖에 없다. 꼭 필요한 복사만 하도록 하고 이면지를 사용한다. 여름엔 에어컨 대신 선풍기만 돌아간다. 설정온도가 27도이니 켜봐야 시원하지도 않다.

이게 다가 아니다. 서류봉투는 수신·발신 항목을 기재해 50번씩 사용한다. 인쇄비가 아까워 식권도 안 찍는다. 바이어 접대도 사원식당에서 간단히 한다. 회장도 사장도 모두 자기 차를 타고 다닌다. 업무용 자동차로는 승용차보다 휘발유를 훨씬 적게 먹는 미니 승합차를 사용한다. 정문에 수위실이 있지만 이곳을 지키는 수위는 없다. 경비원을 둘 때 발생하는 비용보다 도둑맞아 잃게 될 비용이 더 적다는 계산 때문이다.

지나치게 작은 것까지 절약하는 데 대해 곱지 않은 시선도 있지만 회사의 입장은 명확하다. '작은 것은 절약하되 큰 것은 낭비한다'는 것이다. 여기서 '큰 것을 낭비한다'는 것은 '인력 구조조정이나 임금 등과 같이 직원복지와 관계된 것은 줄이지 않는다'는 의미이다. 직원을 해고하거나 임금을 삭감하기보다는 임금을 올려주고 열심히 일하도록 해 돈을 더 버는 게 낫다는 생각이다.

또 하나의 큰 낭비는 설비투자다. 아끼는 것에 몰두해 설비투자를 미루면 장차 곤란을 겪을 수 있다. 설비투자에 대한 결정은 현장의 판단에 맡긴다. 설령 잘못된 투자라도 크게 신경쓰지 않는다. 설비를 도입했는데 제대로 활용이 되지 않으면 현장에서 어떤 식으로든 활용하려고 애쓸 것이기 때문이다. 딱히 쓸 일이 없으면 부품 전용(轉用)이라도 할 수 있다. 어쨌든

회사에 그리 큰 위험은 아닌 셈이다. 이 외에도 직원들의 사기앙양을 위해 5년마다 전체 직원들의 해외여행을 실시하고 있다. 물론 경비는 회사가 전액 부담한다.

경쟁력의 원천은 직원 제안

'작은 것을 절약하여 크게 쓴다'는 것에는 현실적으로 한계가 있다. 제품의 차별적 경쟁력이 없이는 불가능하다. 야마다 아키오는 처음 창업할 때부터 마쓰시타, 도시바 등과 같이 쟁쟁한 기업들과 경쟁하기 위해 어떻게 할까 궁리하고 또 궁리했다. '가장 중요한 것은 차별화이고, 차별화를 위해선 직원들의 뛰어난 아이디어가 필수적이다'라고 생각했다.

미라이공업의 연구개발 예산은 매출액 대비 1%에도 못미친다. 그럼에도 매년 시장에 내놓은 신제품의 수는 수백 종에 달한다. 현재 생산 중인 1만 8천여 종의 상품 중 90%가 특허나 실용실안 등을 취득하였는데 대부분이 직원들이 제안한 아이디어를 접목한 것이다. 미라이가 일본 시장의 80%를 석권하고 있는 전기 콘덴서 박스가 대표적인 예이다. 벽이나 기둥 안에 부착시키는 이 박스의 내부 전기 장치가 고장나면 대충 어림짐작으로 벽을 뚫어서 봐야 했다. 그런데 이 박스에 알루미늄 테이프를 붙여 휴대용 금속탐지기로 위치를 정확히 찾아낼 수 있도록 함으로써 시장을 장악할 수 있었다.

이런 제품개발을 뒷받침하고 있는 것이 독특한 '종업원 제안제도'다. 어떤 아이디어든지 제안만 하면 무조건 5백 엔을 지급한다. 일본의 다른 기업들이 접수된 제안서의 내용을 검토한 뒤 평가등급에 따라 보상하는 것과는 취지가 다르다. 말하자면 그 5백 엔은 동기부여를 위한 비용이다. 미라이에서도 제안된 아이디어가 채택되면 다른 기업들과 마찬가지로 최고 3만 엔까지 준다.

제안을 한 건도 하지 않는다고 해서 어떤 불이익이 있는 것은 아니다. 또한 제안에 대한 목표나 할당량은 따로 없다. 그럼에도 불구하고 매년 1만 건 이상의 개선 아이디어가 제안제도를 통해 접수된다.

야마다 상담역은 직원들에게 자율성을 보장하면 평범한 사람들도 충분히 성과를 낼 수 있다고 믿는다. 그는 "회사는 우수한 인재 20%와 평범한 직원 80%로 구성돼 있다"며 "중소기업은 우수한 인재를 확보하기 쉽지 않아 이 비율이 더 낮다"고 말했다. 따라서 '평범한 인재의 성과를 끌어내는 것이 중요하다'는 것이다.

미라이공업의 제안제도는 아이디어의 보고(寶庫)이기도 하지만 이보다 더 중요한 것은 전 사원이 주인의식을 갖게 된다는 것이다. 사실 제안제도는 기업을 위한 것만은 아니다. 지속적 개선을 위한 직원들의 참여와 제안이 늘어날수록 생산성이 올라가고 원가가 절감이 되는데, 이로 인한 혜택이 결국은 종업원들에게 돌아간다. 따라서 제안제도는 종업원과 기업의 상생(win-win) 생태계의 일부라고 볼 수 있다.

미라이공업의 내부 곳곳에는 '늘 생각하라(常に考える)'는 표어가 붙어 있다. 공장 내부뿐 아니라 사무실이나 복도, 계단, 건물 외벽에까지 붙어 있다. 말하자면 '늘 생각하라'는 것은 사훈, 사시, 신조이다. 이것의 의미는 '현장의 일은 현장을 가장 잘 아는 일선 직원이 직접 생각하고 결정하라'는 것이다.

야마다 상담역은 "직원들이 아이디어를 낼 수 있는 습관을 길러주는 것이 중요하다"며 "아침에 일어나서 밤에 잘 때까지 다양한 상황에서 아이디어를 낼 수 있도록 습관화해야 한다"고 강조한다. 이러한 맥락에서 볼 때 '늘 생각하라'는 것은 지시도 아니고 호소도 아니다. '자신의 의지로 자발적인 생각을 하자'는 기업문화의 한 단면일 뿐이다.

제안제도의 성공요소

제안제도를 도입한 회사는 많으나 유명무실하게 운영되고 있는 곳이 적지 않다. 이것은 제안제도의 성공을 위해 반드시 고려해야 할 요소가 있다는 것을 의미한다. 이 중 상당수는 미라이공업의 사례에 나타나며 다음과 같이 요약할 수 있다.

(1) 최고 경영자의 지원과 리더십

무엇보다 중요한 것은 최고경영자가 직원들의 제안을 정말 소중하게 생각하고 있다는 것을 일선 직원들뿐 아니라 그들의 상급자인 관리자들까지 체감할 수 있도록 효과적으로 소통(communication)하고, 일선 직원들의 자발적 참여를 위한 제도와 여건을 마련해야 한다는 것이다.

(2) 제도의 가시성(可視性)

제안제도에 대한 직원들의 인지도가 낮으면 직원 참여가 낮을 수밖에 없다. 따라서 도입에서부터 운영 전반에 걸쳐 제안제도를 공개적인 방식으로 추진할 필요가 있다. 미라이공업에서는 눈이 닿는 곳마다 '늘 생각하라'는 슬로건을 붙이고, 눈에 잘 띄는 여러 곳에 제안함을 비치하고 있다. 이

뿐 아니라 제안을 통해 개선이 이루어진 곳에는 모든 사람들이 볼 수 있도록 '개선제안 실시한 곳'이라는 표시를 해 두고 있다.

(3) 제안 절차와 양식의 간소화

무슨 일이든 번잡한 것은 피하는 것이 인간의 본성이다. 제안서의 양식을 최소한 간소하게 만들어야 한다. 또한 제안서에 기입된 내용이 미비(未備)하다거나 불명확하다는 것을 이유로 접수된 제안을 기각시켜서는 안된다. 제안 채널로는 전통적인 제안함 외에도 아이디어를 써 붙일 수 있는 게시판, 무료전화, 이메일, 웹사이트 등과 같은 여러 가지를 고려할 수 있다.

(4) 신속한 피드백과 평가

제안을 한 당사자에게는 신속한 피드백이 곧 '회사가 자신의 제안을 소중하게 생각하고 있다'는 것을 의미한다. 따라서 접수된 제안은 얼마 이내에 처리한다는 운영 내규를 만드는 것이 좋다. 미라이공업에서 제안이 활성화된 이유 중 하나도 신속한 피드백이다. 직원들이 낸 아이디어는 24시간 내에 접수되었다는 통보를 해주고 72시간 내에 심사하도록 하고 있다.

(5) 인정과 보상

제안된 아이디어는 평가등급에 따라 금전적 보상을 하는 것이 일반적 관행이지만 비금전적인 인정(recognition)도 필요하다. 제안 자체를 힘들고 낯설어하는 직원들이 많기 때문에 처음으로 제안을 제출하는 직원들을 특별히 격려할 필요가 있다. 예를 들어 격려의 의미로 T셔츠나 우산, 특별한 볼펜 등을 주면 이들의 자긍심을 높일 수 있을 뿐만 아니라 다른 직원들에게도 제안제도에 대한 긍정적인 인식을 확산시킬 수 있다.

　채택되지 않은 제안에 대해서도 인정과 보상을 해주면 제안제도에 대한 직원들의 심리적 장벽을 없앨 수 있을 뿐 아니라 그들의 지속적 동참을 유도할 수 있다. 미라이공업에서는 어떤 제안이라도 제출하면 5백 엔을 지급하고 있다. 제안을 제출한 모든 직원들에게 감사편지를 보내는 것도 대안이 될 수 있다.

07 품질비용

품질비용은 일반적으로 기업 매출액의 20~30%로서 통상적인 기업 이윤의 5배나 된다. 따라서 기업이 이익을 낼 수 있는 가장 확실한 지름길은 품질혁신을 통해 이 비용을 줄이는 것이다. 주란 박사는 품질비용을 줄이는 것이 이익의 원천이 된다는 의미에서 품질비용을 '광산 속에 묻힌 황금'이라고 표현하였다.

품질비용의 구성

품질비용에 대한 전반적 개념은 1951년에 발간된 주란(Joseph Juran) 박사의 역작인 「품질관리 핸드북(Quality Control Handbook)」 초판에 처음으로 소개되었지만 오늘날 널리 이용되고 있는 PAF 모델은 파이겐바움(Armand Feigenbaum)이 제시한 것이다. 그는 1956년 「하버드 비즈니스 리뷰」에 기고한 논문에서 전사적 품질관리가 경제적으로 큰 성과가 있는 이유를 설명하기 위해 예방비용(Prevention Cost)과 평가비용(Appraisal

Cost) 및 실패비용(Failure Cost)의 개념을 도입하였다.

파이겐바움은 결함이 발생하는 것을 원천적으로 방지하기 위해 예방비용을 조금만 늘리면 평가비용과 실패비용이 대폭 줄어든다고 주장하였다. 따라서 전사적 품질관리를 지속적으로 추진하면 시간의 경과에 따라 품질비용은 〈그림 7.1〉과 같이 변하므로 총품질비용이 줄어든다는 것이었다.

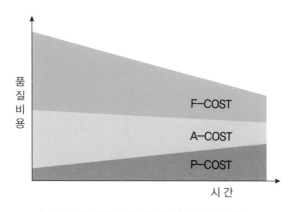

〈그림 7.1〉 예방비용을 늘릴 경우 품질비용의 장기적 변화

품질비용의 3요소 중 예방비용과 평가비용은 품질표준이나 요구사항을 충족시키기 위해 노력하는 비용이며, 실패비용은 그렇게 하지 못해 초래되는 비용이다. 이러한 관점에서 크로스비는 요구사항에 부합하는 제품을 만들기 위해 투입하는 예방비용과 평가비용을 '적합비용(POC, Price of Conformance)'이라고 하고, 요구사항을 충족시키지 못해 초래되는 비용을 '부적합비용(PONC, Price of Nonconformance)'이라고 하였다.

품질비용의 분류

실패비용을 사내에서 일어나는 '내부 실패비용(Internal Failure Cost)'
과 사외에서 일어나는 '외부 실패비용(External Failure Cost)'으로 구분하
면 품질비용은 다음과 같이 정리할 수 있다.

(1) 적합비용(POC)

- **예방비용(P-Cost)**

  결함 발생을 방지하는 데 소요되는 비용으로서 교육훈련 비용, 설계심사
  (design review) 비용, 예방정비 비용, 협력업체 평가비용 등이 포함된다.

- **평가비용(A-Cost)**

  제품이나 서비스가 규격이나 기준을 충족시키는지 확인하는 데 소요
  되는 비용으로서 시험비용, 검사비용, 계측기 관리 및 운영에 소요되
  는 비용 등이 포함된다.

(2) 부적합비용(PONC)

- **내부 실패비용(IF-Cost)**

  고객에게 상품이 전달되기 이전에 결함이 발견되었을 경우에 초래되
  는 비용으로서 폐기비용, 재작업비용, 가동중단으로 인한 손실 등이
  포함된다.

- **외부 실패비용(EF-Cost)**

  고객에게 상품이 전달된 이후에 결함이 발견되었을 경우에 초래되는
  비용으로서 보증수리 비용, 환불비용, 고객불만 처리비용, 리콜비용
  등이 포함된다.

적합비용(POC)		부적합비용(PONC)	
예방비용 (P–Cost)	평가비용 (A–Cost)	사내 실패비용 (IF–Cost)	사외 실패비용 (EF–Cost)
품질교육	시험	폐기	반품
설계심사	측정	재작업	현장 출동수리
공정관리	평가	수리	보증수리 및 교환
결함원인 제거	수입검사	수율 저하	리콜
품질감사	공정검사	가동 중단	제품책임(PL)
예방정비	출하검사	비계획 정비	고객불만 처리
협력업체 평가	계측기 관리	제품등급 저하	불량보충 여유분

품질비용의 분류가 쉽지는 않으나 〈그림 7.2〉와 같은 절차를 따르면 어떤 비용이 품질비용에 속하는지 아닌지, 또한 만약 품질비용에 속한다면 어느 항목으로 분류되는지 알 수 있다.

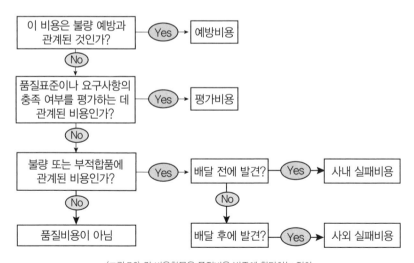

〈그림 7.2〉 각 비용항목을 품질비용 범주에 할당하는 절차

품질비용의 크기

일반적으로 품질비용은 기업 매출액(또는 조직 총운영비)의 15~25% 정도로서 통상적인 기업 이익의 3~5배가 된다. 따라서 품질비용을 줄이는 것은 어느 조직이든지 중요한 관심사가 아닐 수 없다. 품질비용을 줄이기 위한 기본적인 접근방법은 '최초에 올바르게' 하는 원류관리(源流管理)를 강화하여 평가비용과 실패비용을 줄이는 것이다.

〈그림 7.3〉 품질비용과 기업 이윤

품질비용이 기업 매출액의 15~25%가 된다고 하면 많은 사람들은 이 것이 지나치게 과장된 것이 아닌가 의문을 품는다. 이러한 의문이 생기는 이유는 눈에 보이지 않는 '숨어있는 품질비용(H-Cost, Hidden Quality Cost)'이 재무적으로 산출할 수 있는 품질비용보다 훨씬 크기 때문이다. 미국 웨스팅하우스의 조사에 의하면 드러나지 않는 H-Cost가 집계된 품질비용보다 최소한 3~4배 큰 것으로 추산되었다고 한다. 일반적으로 H-Cost가 전체 품질비용의 약 80% 정도를 차지한다고 추정한다. 따라서 우리가 집계할 수 있는 품질비용은 '빙산의 일각'에 불과한 것이다.

일례로 단골고객이 수익의 원천이 된다는 고객 '충성도 효과(Loyalty Effect)'를 생각해 보자. 한 번 온 손님이 단골고객이 되면 기업은 돈을 벌게 되어 있다. 단골고객은 판촉비를 들이지 않더라도 계속 구매할 뿐 아니라 잠재고객들에게도 좋은 입소문을 퍼뜨리기 때문이다. 따라서 품질불만으로 인해 고객이탈이 발생한다면 기업 이윤이 향후 줄어들 것이라는 것은 자명하다. 그런데 고객이탈로 인해 발생하는 '판매기회의 상실'은 기업의 회계시스템 어디에도 반영되지 않는 숨어있는 품질비용이 된다.

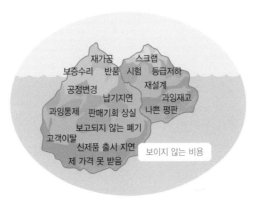

〈그림 7.4〉 숨어있는 품질비용

저품질비용(COPQ)

품질비용을 지칭하는 용어로 COQ(Cost of Quality)가 오랫동안 사용되어 왔지만 COPQ(Cost of Poor Quality, 저품질비용)라는 용어로 점차 대체되고 있는데 그 이유는 다음과 같다.

'품질비용'이라는 용어 자체가 '품질을 높이기 위해서 들어가는 비용'이라는 인상을 주기 때문에 '품질을 높이려면 비용이 더 많이 든다'고 오해하게 만든다. '최초에 올바르게 하면 품질도 좋아지고 비용도 줄어든다'는 것을 효과적으로 전달하기 위해서는 '품질비용(COQ)'이란 종래의 용어 대신 '품질이 좋지 못해서 발생하는 비용'이라는 의미로 '저품질비용(COPQ)'을 사용하는 것이 좋다는 것이다. 그런데 현업에서는 COPQ의 의미가 통일되지 않아서 품질비용에 관심이 있는 사람들에게 많은 혼동을 주고 있다. 우선 미국품질협회(ASQ)에서 발간한 품질용어집에서는 COQ와 COPQ를 동일한 것으로 정의하고 있다. 식스시그마에서는 종종 실패비용(내부 실패비용 및 외부 실패비용)을 COPQ라고 정의하고 있으나 이 경우에는 혼동을 피하기 위해 부적합비용(PONC)이라고 쓰는 것이 좋다.

품질비용의 산출

품질비용의 산출 목적은 품질문제가 미치는 재무적 영향을 파악하고 품질향상이나 원가절감이 필요한 부분을 찾기 위한 것이다. 품질비용 산출의 일반적 절차는 다음과 같다.

- 품질비용의 산출에는 여러 부서의 참여가 필요하므로 먼저 경영진이 품질비용 산출에 대한 확고한 의지를 표명한다.
- 회사의 재무자료를 이용하고, 필요한 추정치를 추가하여 품질비용을 대략적으로 추정하여 경영진에게 보고한다.
- 품질비용 산출을 담당할 팀을 구성한다. 이 경우 팀장은 임원이 맡아야 하며 주요 부서에서 골고루 팀원으로 참여한다.

- 품질비용을 시범적으로 산출할 대상 부문을 결정한다.
- 품질비용의 산출에 필요한 자료를 수집한다. 여기에는 다음과 같은 것들이 포함된다.
  - 원가계산 자료(폐기나 재작업 등과 같은 비용)
  - 급여 자료(품질업무를 담당하는 직원의 급여)
  - 관련자의 추정 자료(수리나 품질 관련 활동에 소비된 시간 등)
- 품질비용의 산출이 완료되면 이를 사내에 공표하고 품질경영의 기초 자료로 활용한다.
- 시간적 여유를 두고 품질비용의 산출을 전사적으로 확대한다.

그러나 품질비용을 산출하는 데에는 많은 장애요인이 있다 이들 중 대표적인 것들은 다음과 같다.

- 전통적인 원가회계시스템으로는 품질비용의 요소 중 일부밖에 파악할 수 없다.
- 기업의 회계시스템은 보이지 않는 품질비용(H-Cost)을 고려하지 못하기 때문에 품질의 전략적 의미를 반영하지 못한다.
- 품질비용에 포함되어야 요소들과 그것들의 분류에 대한 의견의 일치를 보기 어렵다.
- PL 소송과 같이 발생확률은 높지 않으나 발생 시 손실금액이 매우 큰 문제도 고려해야 한다.
- 제조업이 아닌 경우에는 적합품질을 명확히 정의하기 어렵다.

이외에도 품질비용의 산출 자체가 품질문제를 해결해 주는 것이 아니며 단기적 비용절감이라는 그릇된 목표를 추구하게 만들 가능성이 있다.

이상의 설명에서 알 수 있듯이 품질비용의 산출 자체가 힘든 과제이며 많은 노력이 요구된다. 주란이나 크로스비는 품질비용을 측정할 필요가 있다고 하지만 데밍은 그것이 낭비라고 본다. 품질활동을 통해 얻을 수 있는 종업원의 주인의식이나 사기(士氣), 고객에게 미치는 긍정적 영향은 품질비용으로 측정할 수 없으며, 상대적으로 작고 측정가능한 것만 산출하기 때문이다. 따라서 품질비용을 측정할 여력이 있으면 차라리 품질개선에 더 힘쓰라고 말한다. 필자도 데밍 박사의 의견에 상당부분 공감하며, 품질비용을 측정하려면 우선 부적합비용(PONC)을 중심으로 측정하고 그 결과를 활용하면서 필요에 따라 그 범위를 점차 넓혀 나가는 것이 좋을 것이다.

08 품질기능전개(QFD)

전통적으로 품질관리란 불량이나 결함을 줄이기 위한 활동이라고 생각해 왔다. 그러나 무결점(ZD, Zero Defects)이 고객만족을 보장하지는 못한다. 현대적 품질경영에서는 품질이란 '고객을 만족시키는 능력'이라고 정의한다. 따라서 무결점이란 품질의 필요조건이지 충분조건은 아니다.

설계단계의 지렛대 효과

설계단계에 지출되는 비용은 총생애비용(LCC, Life Cycle Cost)의 일부에 불과하지만 설계가 잘못되면 이후 생산 및 사용 등과 같은 하류(下流)에서 발생하는 비용이 급격하게 늘어난다. 〈그림 8.1〉에 나타낸 바와 같이 군용 전자장비의 경우 개념설계와 개발에 들어가는 비용은 생애비용의 15%에 불과하지만 이 단계가 얼마나 잘 되느냐에 따라 전체 생애비용의 85%가 좌우된다.

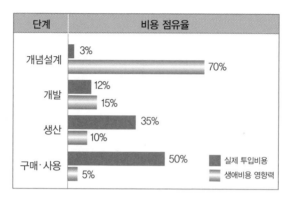

〈그림 8.1〉 군용 전자장비의 생애단계별 투입비용 및 영향력

〈그림 8.2〉는 제품 생애의 각 단계에서 설계변경에 소요되는 비용의 상
대적 크기를 나타낸 것인데, 변경 시점이 늦어지면 늦어질수록 그에 소요
되는 비용이 기하급수적으로 늘어나는 것을 보여준다.

〈그림 8.2〉 제품의 생애단계별 설계변경 비용

순차적 설계 방식의 문제

설계변경이 일어나는 근본적 이유는 〈그림 8.3〉에 나타낸 바와 같이 조직의 각 부분이 기능별로 업무를 분담하고 기능별 순서에 따라 순차적으로 일을 수행하기 때문이다. 기능별로 업무를 분담하고 순차적으로 업무를 진행하는 것이 논리적으로 타당해 보이지만, 부문 간의 보이지 않는 의사소통 장벽 때문에 하류(下流)단계로 내려갈수록 고객의 요구사항이 점점 더 왜곡되는 문제가 발생한다.

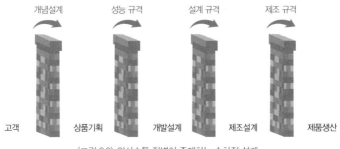

〈그림 8.3〉 의사소통 장벽이 존재하는 순차적 설계

이러한 순차적 설계의 문제를 설명하기 위해 〈그림 8.4〉에 나타낸 '나무 그네' 사례가 자주 이용된다. 가상적 사례이긴 하지만 이 그림은 고객이 자신의 진정한 요구를 제대로 표현하지 못하는 데에 더하여, 상품기획 부문이 고객의 설명을 제대로 이해하지 못하고, 제품설계 부문이 상품기획의 요구를 제대로 설계에 반영하지 못하고, 제조 부문이 설계대로 생산하지 못하고, 일선 기사가 현장 설치를 올바르게 하지 못하는 등의 왜곡이 누적되면서 고객의 목소리를 기반으로 기획한 상품의 최종 모습이 고객의 진짜 요구와 얼마나 동떨어질 수 있는지 시각적으로 보여 준다.

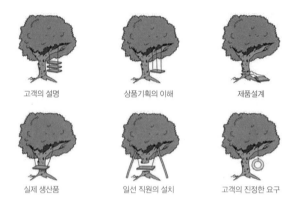

고객의 설명   상품기획의 이해   제품설계

실제 생산품   일선 직원의 설치   고객의 진정한 요구

〈그림 8.4〉 나무 그네 문제

동시공학

순차적 설계의 문제점을 극복하기 위해서는 부문 간의 의사소통 장벽을 없애야 한다. 의사소통 장벽을 제거하는 가장 확실한 방법은 순차적 설계 방식 대신 관계자들 모두가 한자리에 모여 함께 의논하는 '병행' 설계를 실시하는 것이다. 일반적으로 이러한 병행설계의 개념을 동시공학(Concurrent Engineering)이라고 한다.

상품기획 부문과 제품설계 부문에서 사용하는 용어가 다르듯이 업무기능별로 사용하는 용어부터가 다르다. 따라서 동시공학을 실천하기 위해서는 업무기능이 다른 사람들이 원활하게 의사소통할 수 있는 도구가 필요하다. 이러한 도구가 바로 '품질기능전개'라는 품질기법이다.

품질기능전개(QFD)

품질기능전개(QFD, Quality Function Deployment)는 1960년대 후반 일본의 아카오요지(赤尾洋二)에 의해 연구되기 시작하여, 1972년 미쓰비시 중공업의 고베 조선소에서 원양어선 제작에 처음 개발되어 사용되었다고 한다. 일본에서 개발된 품질기능전개가 전 세계적으로 널리 알려지게 된 계기는 1988년 MIT의 존 하우저(John Hauser) 교수와 돈 클로징(Don Clausing) 겸임교수가 「하버드 비즈니스 리뷰」의 '품질의 집(The House of Quality)'이라는 논문을 통해 품질기능전개를 소개한 것이었다.

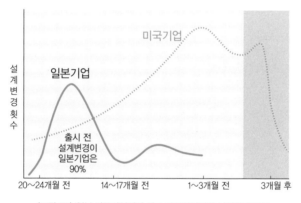

〈그림 8.5〉 일본 자동차업체와 미국 자동차업체의 설계변경 비교

〈그림 8.5〉는 이 논문에 소개된 것인데 일본 자동차업체와 미국 자동차업체의 설계변경 횟수와 기간을 비교한 것이다. 일본 자동차업체는 미국 자동차업체보다 설계변경 횟수가 상당히 적지만 이보다 더 중요한 것은 설계변경이 훨씬 더 상류에서 이루어진다는 점이다. 설계변경 시점이 하류로 갈수록 변경에 소요되는 비용이 기하급수적으로 증가한다는 것은 〈그림

8.2〉를 통해 이미 설명한 바 있다.

일본 자동차업체의 이러한 설계 경쟁력은 품질기능전개를 활용하기 때문이다. 품질기능전개의 일반적인 적용 효과를 정리하면 다음과 같다.

- 설계변경 횟수 30~50% 감소
- 설계 사이클타임 30~50% 감소
- 양산 전 초기 투입비용 20~60% 감소
- 보증수리 비용 20~50% 감소
- 업무지식의 체계적 문서화

고객 요구속성과 기술특성

일반적으로 고객의 요구는 정성적이고 주관적이다. 자동차를 예로 들면 고객은 '훌륭한 맵시'나 '좋은 승차감' 등을 원한다. 이러한 고객 요구속성을 설계에 반영하기 위해서는 기술적인 설계특성으로 변환해야 한다. 이를 위해서는 고객 요구속성을 전개해야 한다. 품질 분야에서 '전개 (deployment)'란 상위 목적을 달성하기 위해 필요한 하위 수단들을 찾는 것을 말한다.

고객의 요구속성을 구체적으로 어떻게 구현할 것인가를 결정하기 위해 기술팀은 고객 요구속성을 기술특성으로 변환해야 한다. 예를 들면 '조용한 실내'라는 고객의 요구속성으로부터 도출될 수 있는 기술특성은 '밀폐성'과 '도로 소음의 감소' 등이 된다.

〈표 8.1〉 자동차 문짝에 대한 고객 요구속성의 전개

1차	2차	3차
뛰어난 조작성과 사용성	개폐 용이성	바깥에서 닫기 쉬움
		언덕 위에서도 열린 상태 유지
		바깥에서 열기 쉬움
		문짝이 다시 튀어 나오지 않음
		안에서 닫기 쉬움
		안에서 열기 쉬움
	차단성	비가 새지 않음
		도로 소음의 차단
		세차 시 물이 새지 않음
		바람소리 차단
		문이 열려 있을 때 빗방울이나 눈이 차 안으로 들어오지 않음
		덜컹거리지 않음
	팔걸이	부드럽고 편안함
		위치가 맞음
근사한 외관	내장 처리	자재 색상이 바래지 않음
		매력적임(플라스틱처럼 보이지 않음)
	청결성	청소가 쉬움
		문짝에서 윤활제가 묻어나오지 않음
	적합성	연결패널 사이의 간격이 일정함

품질의 집(HOQ)

　품질기능전개의 전체 진행과정을 요약하면 〈그림 8.6〉에 나타낸 바와 같이 집 모양과 흡사한 형태로 정리되기 때문에 이를 '품질의 집(HOQ, House of Quality)'이라고 한다.

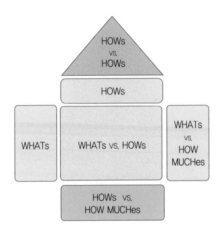

〈그림 8.6〉 품질의 집(HOQ)

　앞서 설명한 '고객 요구속성의 전개' 부분은 HOQ의 왼쪽 부분인 'WHATs' 영역에 표시된다. 또한 고객 요구속성을 반영하기 위한 '기술특성'은 HOQ의 상단 'HOWs' 영역에 표시된다. 품질기능전개의 세부적인 내용을 기술한 자료들은 이미 많이 나와 있으므로 여기서는 품질기능전개의 필요성과 기본개념만 소개하였다.

09 발명적 문제해결(TRIZ)

우리는 보통 발명특허의 핵심은 무언가 남다르고 독창적인 것이라고 생각한다. 학습을 통해 남다르고 독창적이면서도 현실적인 해결책들을 발명한다는 것은 범인(凡人)이 할 수 있는 것이 아니다. "수많은 발명적 해결책에는 공통적 패턴이 존재하지 않을까? 만약 이러한 공통점들을 규명하고 추출할 수 있다면 발명특허의 노하우를 누구라도 학습하고 적용할 수 있지 않을까?" 이러한 관점 변화가 '트리즈'라고 알려진 발명적 문제해결 방법의 기본적 발상이다.

발명의 규칙성

트리즈(TRIZ)는 '발명적 문제해결 이론'이라는 뜻의 러시아어의 머리글자이다. 유대계 러시아인인 겐리히 알트슐러(Genrich Altshuller)는 150만 건이 넘는 특허를 면밀히 검토한 결과 동일한 해결 원리들이 여러 분야를 넘나들며 반복적으로 사용되는 것을 발견하였다.

다음 장의 예를 살펴보자.

(1)피망 줄기와 씨앗 제거

피망을 통조림으로 만들려면 꼬투리와 씨앗을 제거해야 한다. 모양과 크기가 각양각색인 피망의 속을 제거하는 작업은 자동화가 어렵기 때문에 수작업에 의존해 왔다. 이 문제에 대한 해결책은 다음과 같다.

밀폐된 용기에 피망을 넣고 압력을 점차 높인다. 그러면 피망이 쭈그러들면서 가장 약한 꼭지 부분에 균열이 생긴다. 압축된 공기가 이 균열을 통하여 피망 속으로 들어가서 피망의 내부 압력과 외부 압력이 같아지게 된다. 이때 용기의 압력을 갑자기 낮추면 피망의 가장 약한 부분인 꼬투리가 터지면서 꼬투리에 달린 줄기와 씨가 함께 제거된다. 이 방법은 1945년에 특허를 받았다.

(2) 삼나무 열매의 껍질 제거

도토리와 비슷하게 생긴 삼나무의 열매 껍질을 제거하기 위해서 밀폐된 용기 안에 열매를 물과 함께 넣고, 용기 내의 압력이 정해진 수준에 도달할 때까지 열을 가한 후 갑자기 압력을 낮춘다. 이렇게 하면 높은 압력 때문에 열매 껍질 속에 스며들었던 물이 낮아진 압력으로 인해 껍질을 터뜨리면서 분출하기 때문에 껍질이 분리된다. 이 방법은 1950년에 특허를 받았다.

(3) 해바라기 씨앗의 껍질 제거

해바라기 씨의 껍질을 제거하기 위해서 씨앗을 밀폐된 용기에 넣고 내부 압력을 높인 다음 이 용기에 연결된 가는 관(管)의 밸브를 연다. 지름이 작은 관을 통과한 해바라기 씨앗이 압력이 낮은 외부로 나오면 베르누이 원리에 의해 높은 압력으로 인해 씨앗에 스며들었던 공기가 팽창하면서 껍질이 파열된다. 이 방법은 1950년에 특허를 받았다.

이상의 3가지 사례는 본질적으로 다음과 같이 동일한 문제에 동일한 해결책이 적용된 것으로 볼 수 있다.

- 문제 : 전체를 부분으로 분리하는 것
- 해결책 : 서서히 압력을 높인 다음 갑자기 압력을 낮추는 것

(4) 인조 다이아몬드 쪼개기

다른 분야에서 이러한 원리가 반복 적용된 또 다른 예를 보자. 미세한 균열이 있는 인조 다이아몬드를 가공하기 위해서는 먼저 균열이 없는 부분들을 떼어내어야 한다. 그러나 불행하게도 이 과정에서 새로운 균열이 생긴다. 어떻게 하면 새로운 균열을 발생시키지 않고 인조 다이아몬드를 쪼갤 수 있을까? 방법은 다음과 같다. 압력 용기 속에 인조 다이아몬드를 넣고 서서히 가압한 다음 갑자기 압력을 낮춘다. 그러면 미세한 균열 속으로 스며들었던 공기가 팽창하면서 다이아몬드는 균열을 따라 쪼개진다. 이 방법은 동일한 해결원리로 피망 속을 제거하는 방법이 특허를 받은 지 27년이 지난 1972년에 특허를 받았다.

트리즈의 개발원리

동일한 발명원리가 서로 상이한 기술 분야에서 반복적으로 사용된다는 것은 발명적 해결책에는 공통적인 원리가 있다는 뜻이다. 이러한 '발명의

규칙성'을 찾아내이 활용한다면 당면한 문제들을 보다 쉽게 해결할 수 있을 것이다. '문제해결을 위해 앞서 간 현인(賢人)들의 지혜를 빌릴 수는 없을까?'라는 생각하에 이에 필요한 정보를 추출하여 이용하기 쉽도록 체계적으로 정리한 것이 트리즈(TRIZ)이다.

트리즈를 이해하기 위해서는 먼저 다음과 같은 용어들을 알아야 한다.

- **기술적 모순(Technical Contradiction)**
  하나의 특성을 개선하고자 하면 다른 특성이 악화되는 상황을 말한다. 예를 들어 자동차의 안전성을 높이기 위해 두꺼운 강판을 쓰면 차체가 무거워져서 연비가 떨어지는 문제가 여기에 속한다. '이러한 기술적 모순은 품질기능전개에서 소개한 '품질의 집(HOQ)'의 지붕 (HOWs vs. HOWs) 부분에 표시된다.
- **발명적 문제(Inventive Problem)**
  1개 이상의 해결되지 않은 기술적 모순이 포함된 문제를 말한다.
- **발명적 해결책(Inventive Solution)**
  기술적 모순을 근본적으로 해소(解消)한 해결책을 말한다.
- **발명원리(Inventive Principle)**
  기술적 모순의 해소에 사용된 공통적 원리를 말한다. 알트슐러는 150만 건이 넘는 특허를 분석하여 40가지 발명원리를 추출하였다.
- **모순행렬(Contraction Matrix)**
  기술적 모순의 해소를 위해 과거에 어떠한 발명원리들이 적용되었는지 보여주는 행렬 형태의 도표를 말한다. 트리즈에서는 기술적 모순을 유발하는 특성을 39가지 표준특성으로 분류하였다.

트리즈의 활용

트리즈가 어떻게 활용되는지 보기 위해 피자의 배달상자를 생각해 보자. 피자상자는 일반적으로 두꺼운 종이로 만든다. 그런데 한 번에 피자 여러 판을 운반하려고 상자를 쌓으면 피자의 무게와 온도 때문에 상자의 아래 판이 처지면서 밑에 있는 상자 안의 피자를 짓눌러 망가뜨린다. 더 두꺼운 종이를 사용하면 문제가 간단히 해결되겠지만 상자 재료비가 늘어난다.

전통적으로 이러한 문제에서는 총비용(즉, 상자의 재료비와 상자가 약해서 발생하는 피해액의 합)을 최소화하는 종이 두께가 최적 해결책(Optimal Solution)이 된다. 그러나 이러한 해결책은 모순을 근본적으로 해결한 것이 아니라 기술적 모순은 그대로 두고 단지 최적 절충점(Trade-Off)을 찾는 것에 불과하다.

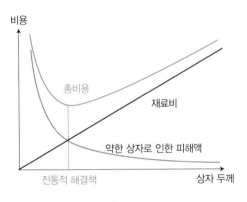

〈그림 9.1〉 피자 배달상자 문제의 전통적 해결책

이와 달리 트리즈에서는 절충점을 결정하는 것이 아니라 모순을 근원적으로 해소하는 발명적 해결책을 추구한다. 피자상자 문제에서 개선하고자 하는 기술적 특성은 13번째 표준특성인 '물체의 안정성(Stability of Object)'이며, 이를 개선하기 위해 상자 제작에 사용되는 종이의 두께를 두껍게 하면 재료비가 늘어나므로 악화되는 특성은 23번째 표준특성인 '물질의 낭비(Waste of Substance)'가 된다.

트리즈의 모순행렬은 이러한 기술적 모순을 해소하기 위해 과거에 어떤 해결책들이 사용되었는지 알려준다. 〈표 9.1〉에 나타낸 바와 같이 모순행렬에서 개선하려는 13번째 특성과 이로 인해 악화되는 23번째 특성이 마주치는 부분을 보면 이러한 모순을 해소하기 위해 과거에 4개의 발명원리(추출, 타원체 형상 이용, 유연한 필름이나 막 이용, 복합재료 이용)가 자주 사용되었다는 것을 보여준다.

〈표 9.1〉 모순행렬이 추천하는 해결책

악화되는 특성 개선하려는 특성	23. 물질의 낭비
13. 물체의 안정성	2. 추출 14. 타원체 형상 30. 유연한 필름이나 막 40. 복합재료

이 4가지 발명원리 중 14번째 원리인 '타원체 형상'을 이용하면 〈그림 9.2〉에 나타낸 것처럼 상자 밑바닥을 돔 형태로 만드는 것을 생각할 수 있다.

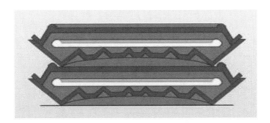

〈그림 9.2〉 피자 배달상자 문제의 해결책

이러한 해결책은 종이가 아닌 다른 재료를 사용하지 않는다는 것과 추가 비용이 적다는 점에서 좋은 해결책이 될 수 있다. 사실 눈여겨보면 우리 주변에서 이러한 원리가 적용된 사례들을 쉽게 찾아볼 수 있다. 맥주 캔이나 음료수 병의 밑바닥이 오목하게 설계된 것도 이 때문이다.

10 당연적 품질과 매력적 품질

오늘날 대부분의 소비자들은 상품의 미비한 부분에 대해서는 불만을 가지면서도 충분한 경우에는 당연하다고 여기고 별다른 만족감을 갖지 않는 경향이 있다. 이것은 물리적 충족도와 주관적 만족도가 비례하지 않는다는 것을 보여준다. 일본 동경이과대학의 카노 교수는 이러한 개념을 당연적 품질과 매력적 품질로 정리하였다.

품질의 이원적 인식

'동기-위생(M-H) 이론'으로 널리 알려진 허즈버그(Frederick Herzberg)의 연구에 의하면 직무에 만족을 주는 요인과 불만족을 유발하는 요인은 별개이다. 기업정책이나 작업조건 등과 같은 직무의 환경적 요인이 나쁘면 불만족을 초래하지만 이것이 개선된다고 해서 직무만족이 창출되지는 않는다.

반면에 성취감이나 역량개발 등과 같은 직무의 내재적 요인이 충족되면 만족도가 높아지지만 이러한 것들이 충족되지 않는다고 해서 불만족이 초래되지 않는다. 즉, 직무만족을 창출하는 동기요인(Motivator)과 불만족을 유발하는 위생요인(Hygiene Factor)이 다르다는 것이다. 여기서 '위생'이라는 용어가 사용된 것은 의학에서 위생이란 말이 예방적인 의미와 환경적인 의미를 갖고 있기 때문이다. 직무만족에 대한 이러한 이원적(二元的)인식이 상품이나 서비스의 만족에 영향을 주는 품질에도 적용되지 않을까? 이러한 생각을 가장 먼저 한 사람은 일본 동경이과대학에 재직하였던 카노 노리아키(狩野紀昭) 교수였다.

품질에 대한 전통적 정의가 표현상의 차이는 있지만 대개 '요구조건의 충족'이라는 객관적 측면과 '사용자 만족'이라는 주관적 측면 중 하나를 따르고 있다. 이러한 생각의 이면에는 요구조건에 대한 물리적 충족도가 높을수록 주관적인 만족도도 높아질 것이라는 생각이 자리잡고 있다. 이것은 물리적 충족도와 주관적 만족도의 관계가 선형적(즉, 일차원) 관계라는 것이다. 그러나 만약 '동기-위생 이론'의 개념이 품질에도 적용된다면 무엇이든지 많이 충족시켜 줄수록 만족도가 더 높아질 것이라는 막연한 생각이 잘못된 것이라는 것을 알 수 있다.

품질특성의 종류

품질을 간략하게 정의하면 '고객만족을 제공하는 능력'이라고 할 수 있다. 그러나 고객만족에 영향을 주는 요인들은 매우 다양하다. 예를 들어 스마트폰 경우 고객만족에 영향을 주는 요인들은 화질, 화면 크기, 무게, 내(耐)충격성, 통화 연결성, 배터리 용량, 메모리 용량, 인터넷 속도, 보안성, 전자파 차단, 카메라 해상도, 앱(app) 구동속도, 앱 다양성, 음성 인식률 등 여러 가지가 있다. 고객만족에 영향을 주는 이러한 요인들을 '품질특성'이라고 한다.

허즈버그의 '동기-위생이론'에서 착상을 한 카노교수는 품질특성을 다음과 같이 분류하였다.

(1) 매력적 품질특성

동기요인에 대응하는 품질특성으로서 충족이 되면 만족을 주지만 그렇지 않더라도 불만족을 유발하지 않는 요인을 말한다. 일반적으로 고객은 이러한 품질특성의 존재를 모르거나 기대하지 못했기 때문에 충족이 되지 않더라도 불만을 느끼지 않는다. 예를 들어 스마트폰에 자동차 열쇠나 집 열쇠 등으로 쓸 수 있는 만능 키(key) 기능이 들어있다고 가정해 보자. 만약 이러한 기능이 제공된다면 고객의 만족도가 높아지겠지만 그렇지 않다고 해서 불만이 초래되는 것은 아닐 것이다. 이 경우 스마트폰의 만능 키 기능은 매력적 품질특성이 된다.

(2) 일원적 품질특성

종래의 일원적 품질인식이 적용되는 품질특성으로서 충족이 되면 만족, 충족이 되지 않으면 불만을 일으키는 특성을 말한다. 스마트폰의 배터리 용량과 같이 충족도가 올라갈수록 만족도가 증가하는 요인은 일원적 품질특성이 된다.

(3) 당연적 품질특성

위생요인에 대응하는 품질특성으로서 충족이 되면 당연한 것으로 받아들이기 때문에 별다른 만족감을 주지 못하는 반면, 충족이 되지 않으면 불만을 일으키는 특성을 말한다. 예를 들어 스마트폰의 경우 통화 연결이 잘되면 당연한 것으로 생각하지만 그렇지 않으면 크게 불만족할 것이다. 이 경우 스마트폰의 통화 연결성은 당연적 품질특성이 된다.

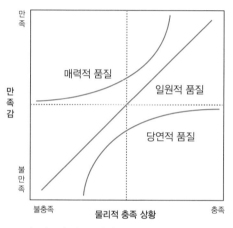

〈그림 10.1〉 카노 모델에서의 주요 품질특성 분류

〈그림 10.1〉은 이상과 같은 품질특성의 개념을 나타낸 것이다. 이러한 3가지 주요한 품질특성 외에도 다음과 같은 두 가지 특성이 존재할 수 있다.

(4) 무관심 품질특성
충족 여부가 만족과 불만족에 영향을 미치지 않는 특성을 말한다. 예를 들어 스마트폰 화면에 3D 기능이 있더라도 사용자들이 이를 사용할 필요성을 느끼지 못한다면 이 기능은 무관심 품질특성이 된다.

(5) 역(逆)품질특성

충족이 되면 불만을 일으키고, 충족이 되지 않으면 만족을 일으키는 요인으로서 일원적 특성에 반대되는 요인을 말한다. 예를 들어 스마트폰의 화면을 측면에서도 쉽게 볼 수 있도록 화면 인지각도를 넓힌다고 가정해 보자. 그러나 고객은 주변의 다른 사람들이 쉽게 자신의 화면을 엿볼 수 있기 때문에 사생활이 침해받는다고 생각할 수 있다. 이 경우 화면 인지각도가 넓으면 넓을수록 오히려 고객 불만이 커지기 때문에 역(逆)품질특성이 된다.

품질특성의 분류

카노 교수는 품질특성을 분류하기 위한 설문지 조사법을 제시하였다. 설문지의 모든 문항은 긍정적 질문과 부정적 질문의 짝으로 되어 있다. 예를 들어 스마트폰의 인터넷 접속 속도가 어떤 품질특성인지 알아보기 위한 질문은 다음과 같다.

Ⅰ. 만약, 스마트폰의 인터넷 속도가 빠르다면 어떤 느낌이 들겠습니까?

① 마음에 든다.
② 당연하다.
③ 아무런 느낌이 없다.
④ 하는 수 없다.
⑤ 마음에 안든다.

Ⅱ. 만약, 스마트폰의 인터넷 속도가 느리다면 어떤 느낌이 들겠습니까?

　① 마음에 든다.

　② 당연하다.

　③ 아무런 느낌이 없다.

　④ 하는 수 없다.

　⑤ 마음에 안든다.

　이상과 같은 한 쌍의 질문 중 '만약 인터넷의 속도가 빠르다면 어떤 느낌이 들겠습니까?'라는 긍정적 질문에 '마음에 든다'라는 답변을 선택하고, '만약 인터넷의 속도가 느리다면 어떤 느낌이 들겠습니까?'라는 부정적 질문에 '마음에 안든다'라는 답변을 선택하였다면, 인터넷의 속도가 빠를수록 만족도가 높아진다는 의미이므로 〈그림 10.2〉에 나타낸 바와 같이 일원적 품질특성으로 분류된다.

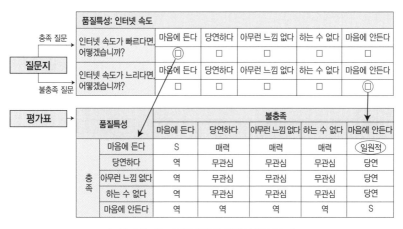

〈그림 10.2〉 카노 모델을 이용한 품질특성의 분류 예

〈그림 10.2〉에서 'S'는 회의적(Sceptical) 품질특성을 나타낸다. 왜냐하면, 긍정적(충족) 질문과 부정적(불충족) 질문 모두에 대해 '마음에 든다' 혹은 '마음에 안든다'를 선택하는 것은 이해할 수 없는 결과이기 때문이다. 응답자가 불성실하게 응답하거나 질문 방법이 잘못되어 응답자가 질문의 내용을 이해하지 못할 경우 이러한 결과가 나올 수 있다.

품질특성의 전략적 활용

'동기-위생이론'에서는 동기요인과 위생요인이 독립적으로 작용하여 어떤 면에서는 직무에 만족하고 다른 면에서는 직무에 불만족할 수 있지만 카노 모델에서는 그렇지 않다. 예를들어 스마트폰의 경우 통화 연결성과 같은 당연적 특성이 충족되지 못하면 다른 매력적 특성이 있더라도 고객은 만족할 수가 없다.

효과적인 품질경쟁을 위해서는 당연적 품질의 충족이 선행되어야 한다. 전략적 관점에서 당연적 품질특성의 충족은 고객에게 상품을 판매하기 위한 하나의 자격조건이라고 볼 수 있다. 따라서 일원적 특성을 개선하거나 매력적 특성을 부가하기 전에 당연적 품질특성들은 모두 충족되어야 한다. 당연적 특성을 모두 충족시킨 후 일원적 특성을 경쟁자보다 더 높은 수준으로 개선하거나 매력적 특성을 부가할 수 있다면 경쟁우위를 확보할 수 있는 것이다.

개별 품질특성들의 변화가 고객만족에 얼마나 영향을 미치는지 평가하는 척도로서 '고객만족계수'라는 지표가 있다. 이 지표는 다음과 같은 '만족지수(Satisfaction Index)'와 '불만족지수(Dissatisfaction Index)'로 구성되어 있다.

$$\text{만족지수(SI)} = \frac{A + O}{A + O + M + I}$$

$$\text{불만족지수(DI)} = \frac{M + O}{A + O + M + I}$$

여기서 A, O, M, I 는 카노 모델의 설문에 응한 응답자 중 해당 품질특성을 각각 매력적, 일원적, 당연적, 무관심 특성으로 분류한 응답자 수를 나타낸다.

만족지수의 분자에 포함된 매력적(A) 특성과 일원적(O) 특성은 그것이 개선 또는 충족될 경우 만족한다고 응답한 사람의 수라고 볼 수 있으므로, 만족지수가 1에 가까울수록 그 특성의 개선 또는 충족이 고객 만족도를 더 크게 증가시킨다고 볼 수 있다.

마찬가지로 불만족지수의 분자에 포함된 당연적(M) 특성과 일원적(O) 특성은 그것이 악화 또는 불충족될 경우 불만족한다고 응답한 사람의 수라고 볼 수 있으므로 불만족지수가 −1에 가까울수록 그 특성의 악화 또는 불충족이 고객 불만족을 더 크게 초래한다고 볼 수 있다.

카노 모델을 사용할 때 명심해야 할 사항 중 하나는 품질특성들이 동태성(動態性)을 갖고 있다는 것이다. 예를 들면 스마트폰의 이미지 확대 및 축소 기능이 처음 도입되었을 때에는 매력적 품질특성이었지만 이제는 이 기능이 스마트폰의 보편적 기능 중 하나가 되었으므로 당연적 품질특성으로 바뀌었다.

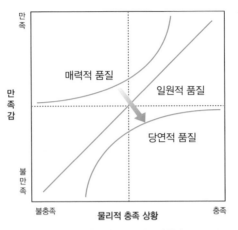

〈그림 10.3〉 품질특성의 진부화 현상

카노 교수의 연구에 의하면 품질특성은 시간이 경과함에 따라 '매력적 특성 → 일원적 특성 → 당연적 특성'으로 퇴화하는 진부화(陳腐化) 현상을 보인다고 한다. 따라서 경쟁우위를 확보하고 지속가능한 성장을 위해서는 제품 및 서비스 개발 담당자들이 새로운 매력적 특성을 찾아내어 구현하고, 일원적 특성의 충족 정도를 높이려는 노력을 계속하지 않으면 안 된다.

11 품질개선도구

건축가, 디자이너, 발명가, 작가 및 미래학자로서 다방면에 걸쳐 명성을 날렸던 버크민스터 풀러(Buckminster Fuller)는 사람들에게 새로운 사고방식을 가르치려고 애쓰는 대신 개선도구를 제공해 주고 그것을 활용해 보도록 하면 사고방식은 자연스럽게 바뀐다고 했다. "개선도구의 본질은 문제해결을 돕는 것이 아니라 사고방식을 바꾸는 것"이라는 주장이다.

87세 초밥 장인

팔순이 넘은 일본의 초밥 장인 오노지로(小野二郎)의 예를 보자. 어린 시절 동네 요릿집에서 궂은일을 도맡아 하던 그는 한 고객의 소개로 도쿄 초밥집에서 일하다가 40세에 독립하여 '스키야바시지로'라는 지금의 초밥집을 열었다.

개업 이래 47년간 그는 줄곧 외출 시에 장갑을 끼고 다닌다고 한다. 나이 들어서 손에 검버섯이 생긴 손으로 고객에게 초밥을 쥐어서 내면 고객들의 기분이 상하기 때문이다. 수십 년간 외출 시에 늘 장갑을 끼고 다니는 또 다른 이유는 손가락의 예민한 감각을 유지하기 위해서이다. 초밥을 너무 세게 쥐면 밥이 떡처럼 뭉개져서 초밥의 맛이 떨어지는 반면 너무 약하게 쥐면 고객이 이를 먹기 위해 집을 때에 밥이 풀어지기 때문이다. 또한 그는 혀의 감각을 유지하기 위해 커피를 입에 대지 않는다. 뿐만 아니라 냄새가 손에 배기 때문에 담배도 피우지 않고 마늘도 만지지 않는다. 냄새 때문에 로션조차 바르지 않는다. 이것은 그의 프로정신을 잘 보여 준다.

그가 운영하는 식당에서는 그날그날 어시장에서 가장 싱싱한 해산물을 구입해서 요리하기 때문에 메뉴판이 따로 없다. 최고의 초밥을 만들기 위해 최상의 재료를 쓰는 것과 더불어 생선 종류에 따라 소금과 초로 발효시키는 시간을 제각기 달리 하고 가장 맛있는 시점에 초밥을 내놓기 위해 부드러운 손동작으로 순식간에 초밥을 쥔다.

이뿐 아니라 초밥을 어떤 순서로 내놓느냐에 따라 맛이 달라지기 때문에 계절별로 초밥을 내놓는 순서를 달리하는 등 최고를 향한 그의 집념은 일반인들의 상상을 뛰어 넘는다.

그와 관련하여 '손님이 초밥을 바로 먹지 않으면 쓰레기통에 갖다 버린다'는 믿기 힘든 소문이 있다. 한 인터뷰에서 이 소문의 진위를 묻는 질문에 대해 그는 다음과 같이 대답했다.

"사실입니다. 손님이 수다에 빠져 바로 초밥을 먹지 않으면 제가 버려요. 그리고 손님에게 나가시라고 말합니다. 식어서 맛이 변한 초밥은 제가 만든 것이라고 할 수 없으니 갖다 버릴 수밖에요. 초밥을 가장 맛없게 먹는 건 모두 한 접시에 올려놓고 먹는 겁니다. 초밥을 바로 먹지 않을 거면 굳이 요리사 앞에 앉을 필요가 없어요. 각 생선에는 최적의 온도가 있고,

밥의 온도가 있는데 그걸 무시하다니요. 잡담은 먹고 나서 해도 되지만, 초밥은 내놓는 대로 바로 먹어야 합니다."

그의 이야기는 2011년 다큐멘터리 영화로 만들어져 세계적으로 널리 알려진 바 있다.

지난해 말 기준으로 세계적인 미슐랭 식당 평가에서 별을 하나라도 받은 식당은 2천 개가 조금 넘는데 유감스럽게도 우리나라 식당은 아직 하나도 포함되지 못했다. 미슐랭 평가에서 최고 등급인 별 셋을 받은 식당은 전 세계적으로 106개이다. 오노지로가 운영하는 도쿄 긴자의 일식당 스키야바시지로는 2008년부터 2011년까지 4년 연속 별 셋을 획득했다.

초밥왕의 비밀

생선초밥이라 하면 '생선'과 '초'와 '밥'을 적당히 결합한 간단한 음식으로 생각하기 쉽지만 초밥을 맛있게 만들려면 고려해야 할 요인이 많다.

무엇보다 중요한 것은 밥이다. 우리나라의 초밥왕으로 널리 알려진 한 전문가의 말에 따르면 초밥에 사용되는 밥을 맛있게 짓는 비법은 다음과 같다. 쌀은 햅쌀을 쓰는 것이 아니라 1년 정도 묵은 쌀을 사용한다. 밥 짓는 물은 수돗물을 사용하는 것보다 미네랄이 풍부한 약수를 사용한다. 또한 쌀은 7번 씻고 40분 동안 불린 후 밥을 짓는다. 밥이 되면 식기 전에 천일염과 발효시킨 식초로 양념을 한 다음 살살 저어 수분을 증발시켜 밥알을 꼬들꼬들하게 만든다.

생선에 대해 고려할 사항은 다음과 같다. 싱싱한 활어를 바로 잡아서 초밥 재료로 사용하는 것이 아니라 숙성을 시킨다. 숙성을 시킨 생선이 맛과 영양 면에서 더 우수하기 때문이다. 그런데 생선마다 최적의 숙성시간이 다르다. 또한 숙성된 생선은 요리사의 회 뜨는 기술과 두께에 따라 맛이 달라진다. 뿐만 아니라 최상의 맛을 내기 위한 보관온도가 생선 종류별로 다르다.

초밥의 크기도 중요하다. 사람 입의 폭이 보통 9센티미터 정도인 걸 감안하면 초밥의 이상적 크기는 7센티미터라고 한다. 입 양옆으로 각각 1센티미터 정도의 여유를 두고 넣으면 먹기 편하고 맛을 제대로 느낄 수 있기 때문이다. 7센티미터의 가로 길이와 잘 어울리는 모양과 두께를 만들기 위해서는 초밥 하나에 밥알이 230개 정도 들어가는 것이 좋다고 한다.

맛있는 생선초밥을 만들기 위해 고려해야 할 것은 이게 다가 아니다. 초밥을 만들 때 여러 번 만지작거리면 손의 온도 때문에 생선의 신선도가 떨어지고 밥도 주먹밥처럼 단단해져 맛이 없어진다. 따라서 신선한 초밥을 만들기 위해서는 찬물에 손을 적시고 '밥을 쥔 후 생선을 올리고 손님 앞에 내놓는 동작'을 3초 이내에 해야 한다. 이를 제대로 하려면 20년의 수련이 필요하다고 한다.

특성요인도

생선초밥의 예에서 보듯이 얼핏 생각할 때 간단하게 보이는 문제도 파고들면 들수록 인과관계가 복잡해진다. 이럴 때 사용하는 기법이 '특성요인도'이다. 여기서 '특성'이란 결과(Effect), '요인'이란 원인(Cause)을 의미하기 때문에 'C&E(Cause and Effect) 다이어그램'이라고도 한다. 생선초밥을 맛있게 만드는 방법을 다룰 경우 '초밥의 맛'은 특성이 되고, 여기에 영향을 미치는 생선의 종류, 손질 방법, 밥 등은 요인이 된다.

일반적으로 특성에 영향을 미치는 많은 요인들은 사람(Man), 설비(Machine), 재료(Material), 작업방법(Method), 환경(Environment)의 5가지로 분류될 수 있다. 특성요인도는 생선 뼈 모양으로 나타나는데 생선의 머리 부분에 특성이 표시된다. 또한 등뼈에 붙어있는 큰 뼈에는 5가지요인인 4M(Man, Machine, Material, Method)과 1E(Environment)가 표시된다. 〈그림 11.1〉에 나타낸 특성요인도에서는 한 사람이 생선초밥을 만드는 것을 가정했기 때문에 인적 요인(Man)에 대한 큰 뼈가 생략되어 있다.

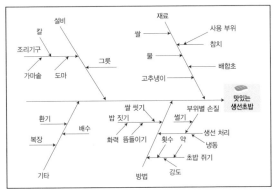

〈그림 11.1〉 특성요인도의 예

특성요인도에서 큰 뼈에 연결된 작은 뼈들은 하부 요인들을 나타낸다. 특성요인도의 모양이 생선 뼈와 비슷하다고 해서 '생선 뼈(Fishbone) 다이어그램'이라고도 한다. 품질개선을 위한 가장 기초적이면서도 중요한 도구를 '품질관리 7가지 기초도구'라고 하는데 여기에는 특성요인도 외에도 파레토차트, 체크시트, 히스토그램, 산점도, 그래프 및 관리도가 포함된다.

근본원인분석(RCA)

　품질문제의 원인을 찾을 때 중요한 개념 중 하나가 '5 Whys'이다. 문제의 원인을 찾기 위해 '왜 그런 문제가 발생했는가?'라고 물었을 때 나오는 대답은 문제의 근본원인(Root Cause)이 아니라 피상적 원인인 경우가 대부분이다. 문제를 일으킨 참된 원인은 그 배후에 있기 때문에 '왜 그런 문제가 발생했는가?'라는 질문을 다섯 번 반복해서 물어야만 진정한 배후 원인을 찾을 수 있다는 것이다.

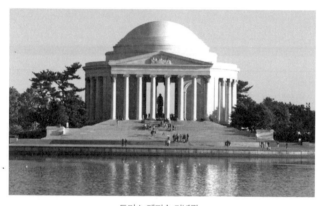

토머스 제퍼슨 기념관

　미국 워싱턴에 있는 토머스 제퍼슨(Thomas Jefferson) 기념관의 예를 보자.

　한 때 이 기념관의 석재(石材)가 부식되어 부스러지는 문제가 부각되었다. '왜 석재가 부스러지는가?'라는 물음에 대한 대답은 연마 성분이 포함된 세제로 자주 세척하기 때문이었다. 그러나 이것은 진정한 원인이 아니다. 그렇게 해야만 하는 다른 이유가 있기 때문이다.

배후에 있는 진정한 원인을 찾기 위해서는 다음과 같이 '왜?'라는 질문을 네 번 더 반복해야 한다.

"연마 세제로 자주 세척해야 하는 이유는 무엇인가?"
– 새들의 배설물을 제거하기 위해서이다.

"왜 그렇게 많은 새들의 배설물이 생기는가?"
– 기념관 내에 새들의 먹잇감이 되는 거미가 많기 때문이다.

"왜 거미가 그렇게 많은가?"
– 거미들의 먹잇감이 되는 작은 날벌레들이 많기 때문이다.

"왜 작은 날벌레들이 몰려드는가?"
– 관리사무소에서 해질 녘에 밝은 조명등을 켜기 때문에 이 불빛을 향해 날벌레들이 몰려든다.

이 사례에서 첫 번째 질문의 대답인 연마 세제의 사용은 문제의 피상적 원인이고 배후에 있는 진정한 원인은 '왜?'를 다섯 번 반복한 후에 나온 조명등 문제이다. 이러한 근본원인 분석을 토대로 조명등의 점등시간을 일몰 후 1시간 뒤로 늦춤으로써 날벌레의 수를 90퍼센트 이상 줄이고, 연마 세제의 사용을 대폭 줄일 수 있었다고 한다. 5 Whys를 이용한 근본원인 분석(RCA, Root Cause Analysis)은 계통도의 일종인데 계통도와 함께 친화도, 연관도, 매트릭스도, 매트릭스 데이터 해석도, 네트워크도 및 PDPC는 '품질관리 신(新) 7가지 도구'라고 불린다.

12 표준화

성서 창세기 11장에는 노아의 대홍수 뒤에 인류의 교만함을 심판하기 위해 여호와께서 언어를 갈라지게 하였다는 바벨탑 이야기가 있다. 바벨탑의 이름인 '바벨'의 의미는 무엇일까? 그것은 히브리어로 '혼란'이라는 뜻이다. 언어는 인간의 중요한 표준이다. 신이 심판의 수단으로 언어를 갈라지게 한 후 그 결과를 바벨이라고 명명하였다. 그 속에는 '표준이 무너지면 혼란이 온다'는 뜻이 들어 있다.

종이 크기는 어떻게 결정되었나?

ISO 216은 종이 크기에 대한 국제표준이다. 우리가 널리 사용하는 A4 용지의 크기도 여기에 포함되어 있다. 이 표준은 미국과 캐나다를 제외한 세계 대부분의 나라에서 통용되고 있다.

간단히 설명하면 가장 큰 사이즈인 A0 용지를 반으로 나누면 A1 용지가 된다. 또한 A1용지를 반으로 나누면 A2 용지가 되고, A2 용지를 또 다시 반으로 나누면 A3 용지가 된다. 마찬가지로 A3 용지를 나누면 A4 용지

가 된다. 따라서 A0 용지 하나로 A1은 2장, A2는 4장, A3는 8장, A4는 16
장, AK는 2^k장이 나온다. 참으로 쉬운 셈법이다. 이와 같은 원리가 적용되
려면 가로와 세로의 비율이 1: $\sqrt{2}$ (대략 1 : 1.4)가 되어야 한다.

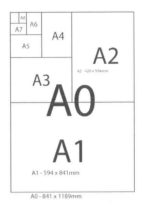

〈그림 12.1〉 A계열 종이의 ISO 표준

기준이 되는 A0 용지는 〈그림 12.1〉에 표시하였듯이 841×1189㎜인데
그렇게 정한 이유는 무엇일까? 그렇게 하면 용지의 넓이가 1㎡가 되기 때
문이다. 그렇다면 왜 넓이 1㎡를 기준으로 삼았을까? 종이의 품질은 대부
분 1㎡ 넓이의 무게로 표시하기 때문이다.

얼마나 과학적인가? 과학적이라서 좋다기보다는 편리하기 때문에 더
좋은 것이다.

ISO(국제표준화기구)가 자랑스러워하는 표준의 하나가 화물 컨테이너
의 크기이다. 컨테이너의 크기가 표준화되지 않았을 때에는 필요에 따라
목재로 상자를 만들었는데 크기가 제각각이라서 화물의 적재효율이 낮았
을 뿐 아니라 하역장비도 효율적으로 사용할 수 없었다.

화성탐사선의 실종

앞서 종이 크기나 운송 컨테이너의 예를 통해 표준이란 우리의 일상생활과 경제활동에 많은 편리를 가져다준다는 것을 설명했다. 이제 표준이 제대로 적용되지 못할 경우 어떤 문제가 발생할 수 있는지 다른 예를 보자.

1999년 9월 23일 1억 2,500만 달러가 투입된 미국 NASA의 화성탐사선이 실종되었다. 이 탐사선은 화성에 물이 존재하였는지 또한 생명체가 존재할 가능성이 있는지에 대한 단서를 찾는다는 임무를 갖고 화성을 향해 286일 동안 우주 비행을 계속하고 있었다.

콜로라도에 있는 록히드마틴의 우주선팀은 '마일'을 단위로 위치 정보를 보냈으나 캘리포니아 있는 NASA의 비행팀은 1990년부터 미터시스템을 사용하고 있었기 때문에 이를 '킬로미터' 단위의 정보로 오인하였다. 이 때문에 화성에 너무 근접한 탐사선이 대기권과의 마찰열에 의해 소실되었을 것이라는 것이 과학자들의 최종 결론이다.

실종된 NASA의 화성탐사선 이미지

"사람은 누구나 실수할 수 있지만 문제는 이것이 단순한 실수가 아니라는 것이다. 이것은 NASA의 시스템공학적 실패이자 실수를 찾아내는 프로세스상의 중대한 결함"이라는 것이 NASA 우주과학 부문의 부단장으로 있는 에드워드 와일러(Edward Weiler) 박사의 지적이다. 이것은 시스템 운영에 있어서 표준의 역할이 얼마나 중요한지 단적으로 보여준다.

표준화의 역사

인류 역사를 보면 표준은 길이, 부피, 무게 따위의 단위를 재는 도량형에서 시작되었다. 기원전 221년 전국시대(戰國時代) 한·위·조·초·연·제 나라 등 6개국을 정벌해 중국 대륙을 통일한 진시황은 먼저 도량형과 화폐 및 문자를 통일하였다. 나라마다 차이가 있던 이런 것들을 통일시키지 않으면 중앙집권적 통치와 조세 징수가 어려웠기 때문이다.

진시황의 정책으로 또 하나 유명한 것은 수레의 바퀴 폭을 통일한 것이다. 당시 수레는 대부분이 전차(戰車)였는데 다른 나라의 수레가 들어오지 못하도록 바퀴 폭을 달리 하고 있었다. 말이 끄는 전차는 도로에 깊은 바퀴 자국을 남겼는데 거기에 수레의 바퀴를 넣어서 달렸다. 바퀴 폭을 다르게 하면 적의 침입을 막는 효과가 컸다. 바퀴 자국의 차이가 전국적인 교통의 흐름을 저해한다고 여긴 진시황은 새 도로를 만들고 바퀴 폭을 통일시켰다. 그 후 지역 간 교역이 활발해지고 경제가 번창하였다.

1904년 볼티모어 화재 피해 현장의 일부

표준화의 미비 때문에 피해가 커진 재난으로는 1904년 발생한 미국의 볼티모어 대화재가 많이 알려져 있다. 볼티모어에서 대규모 화재가 발생한 지 몇 시간 지나지 않아 가까이 있는 워싱턴에서 소방 인력과 장비가 화재 진압의 지원을 위해 도착하였으나 급수전(給水栓) 연결 장치의 규격이 상이하여 소방용 호스를 연결할 수 없었다. 이후 21개 도시에서 화재 진압을 위해 추가적으로 도착하였으나 대부분 같은 문제를 겪었다. 결국 화재 발생 30시간 만에 1,500여 개의 빌딩이 소실되었으며 엄청난 인명 피해가 있었다. 당시 미국에서는 약 600개의 서로 다른 규격의 소화전이 사용되고 있었다. 볼티모어 대화재를 계기로 소방안전 장비에 대한 국가표준의 제정과 보급이 추진되었다.

산업적인 측면에서 표준화의 가장 큰 장점 중 하나는 '호환성(interchangeability)'의 확보이다. 미국의 엘리 휘트니(Eli Whitney)는 1793년 조면기를 발명하여 면 생산의 효율성을 획기적으로 높임으로써 발명가로서 명성을 얻었다. 1798년 휘트니는 호환 가능한 부품을 이용하여

1만 개의 소총을 대량생산하여 정부에 납품한다는 계약을 따냈다. 당시 미국은 프랑스와의 전쟁 가능성을 염두에 두고 있었기 때문에 무기에 대한 수요가 높았다. 숙련된 장인이 일일이 수작업으로 만드는 제작 방식으로는 양산(量産)이 어려울 뿐 아니라 부품의 호환성이 없어서 고장난 제품을 수리해서 사용하기도 어렵다. 휘트니는 표준화된 부품을 만들어 숙련되지 않은 사람도 제작에 참여할 수 있고 사후 정비도 쉽게 할 수 있도록 하였다.

부품의 호환성을 확보하기 위해서는 동일한 형상의 부품을 계속 생산해야 하는데 이를 위해서는 공작기계와 치공구 이용이 필수적이다. 그러나 휘트니가 생존하던 당시에는 이러한 것들이 뒷받침되지 않아서 실제로는 대량생산 방식을 확립하지 못했다고 한다.

사실 '동일한 부품을 대량으로 제작하고 이를 조립하여 완제품을 만든다'는 발상은 휘트니 이전에 스웨덴, 프랑스, 영국 등과 같은 나라에서 군수산업에 이미 적용되고 있었지만 이를 이용해 생산성 혁명을 일으킨 곳은 미국이었다. 미국의 자동차 왕 헨리포드(Henry Ford)는 제품의 표준화뿐 아니라 제조공정과 작업방법까지 표준화하여 20세기 생산성 혁명의 시대를 열었다.

표준과 표준화

우리나라 산업표준 관련 규정에는 '표준이란 관계되는 사람들 사이에서 이익 또는 편리가 공정하게 얻어지도록 통일·단순화를 도모할 목적으로 물체·성능·능력·배치·상태·동작·절차·방법·수속·책임·의무·권한·사고방법·개념 등에 대하여 규정한 결정'이라고 정의하고 있다. 또한 ISO/IEC

Guide 2에서는 '표준이란 합의에 의해 제정되고 인정된 기관에 의해 승인되었으며, 주어진 범위 내에서 최적 수준의 질서 확립을 목적으로 공통적이고 반복적인 사용을 위하여 규칙, 지침 또는 특성을 제공하는 문서'라고 정의하고 있다.

간단히 말해 '표준이란 효율성, 편의성, 안전성을 높이기 위한 공동체의 약속'이라고 정의할 수 있으며, '표준화란 표준을 설정하고 이를 활용하는 조직적 행위'라고 할 수 있다. 〈그림 12.2〉에 정리한 것처럼 표준은 크게 인문사회계 표준과 자연과학계 표준으로 나눌 수 있는데 품질경영에서 고려하는 표준은 과학기술계 표준이며 그중에서도 각종 산업표준을 포괄하는 성문표준이 주된 관심사이다.

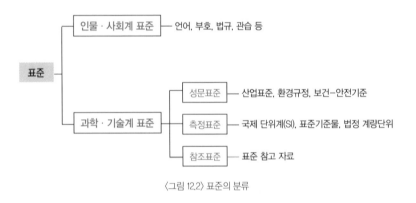

〈그림 12.2〉 표준의 분류

공적 표준과 사실상 표준

표준의 성립주체를 기준으로 보면 '공적 표준(de jure standards)'과 '사실상 표준(de facto standards)'으로 나눌 수 있다. 공적 표준은 공인된 표

준화 기관에 의해 제정되는 규제적 표준인 데 반해 사실상 표준은 시장경
쟁에 의해 지배적으로 자리잡은 자율적 표준을 말한다.

<표 12.1> 공적 표준과 사실상 표준

구분	공적 표준 (de jure standards)	사실상 표준 (de facto standards)
정의	표준화기관에 의해 제정되는 표준	시장경쟁에 의해 결정되는 표준
특징	제정 절차가 투명하고 개방적 표준개발 속도가 느림 관련 제품 보급에 시간이 걸림 표준화가 우선 원칙적으로 단일표준 제공	제정 절차가 불투명하고 폐쇄적 표준개발 속도가 빠름 표준 관련 제품이 동시 보급 사업화가 우선 표준 주도자가 사업적 경쟁우위

　　사실상 표준의 대표적인 예로는 마이크로소프트(MS)사의 PC 운영체계
인 윈도우즈(Windows)를 들 수 있다. 단일표준을 원칙으로 하는 공적 표
준과는 달리 사실상 표준은 시장경쟁에 의해 결정되므로 시장에서 여러 개
의 표준이 경합을 벌이면서 공존할 수 있다. 웹브라우저 표준으로는 마이
크로소프트의 인터넷 익스플로러(Explorer)와 구글의 크롬(Chrome) 등이
경합을 벌이고 있으며, 스마트폰 운영체계 표준으로는 애플의 iOS와 구글
의 안드로이드(Android) 등이 경쟁을 벌이고 있다.

13 품질보증과 품질인증

기업은 제품 및 서비스를 판매하고 있다. 그러나 이러한 제품이나 서비스가 자신들의 요구사항을 충분히 충족시키고 있다는 믿음이 있어야 고객들은 기꺼이 지갑을 연다. 품질보증이란 고객들에게 이러한 믿음을 주기 위해 기업이 행하는 모든 조직적 활동을 말한다. 품질보증의 객관성과 효율성을 높이기 위해서는 거래 당사자로부터 독립된 제3자의 평가가 필요하다. ISO 9000 국제표준은 이러한 인식하에 태동된 것이다.

품질경영의 발전 과정

품질의 개념은 고대 이집트의 피라미드 건축이나 로마의 건축물 및 중세의 도제제도하에서도 존재하였지만 공식적인 관리기능으로 인식되기 시작한 것은 20세기에 접어들어서이다. 품질시스템의 발전은 혁명적인 변화보다는 점진적이고도 지속적인 진보의 결과라고 볼 수 있지만, 크게 검사, 통계적 품질관리, 품질보증, 품질경영이 4단계로 구분해 볼 수 있다.

(1) 검사 위주의 품질 시대

18세기나 19세기까지만 하더라도 오늘날 우리가 알고 있는 형태의 품질관리란 존재하지 않았다. 대부분의 경우 제품은 숙련공에 의해 소량으로 만들어졌으며, 손으로 만든 부품들을 끼워 맞추는 형태의 작업에서는 품질이 주로 숙련공의 손기술에 달려 있는 것으로 생각해 공식적인 검사업무가 별도로 규정되어 있지는 않았다. 그러나 20세기 들어 대량생산이 시작되면서 부품의 호환성이 매우 중요해졌다. 최종 조립에서 발생할 수 있는 문제를 줄이기 위해서는 제조공정상에서 엄격한 검사가 불가피하였다. 이 시기에는 품질관리란 주로 검사에 국한된 것으로 생각하였으며, 문제의 원인을 찾아서 제거하는 것은 통상적으로 검사 부문의 영역을 벗어난 것으로 간주했다.

(2) 통계적 품질관리의 시대

슈하트(Walter Shewhart)는 1920년대에서 1930년대에 걸쳐 벨 전화연구소에서 근무한 통계학자 중 한 사람이었는데, 당시 그가 속한 연구그룹에는 닷지(H. Dodge)나 로믹(H. Romig) 등과 같은 저명한 학자들이 소속되어 있었다. 이들에 의해 관리도나 샘플링검사 같은 통계적 품질관리 기법들이 개발되었다. 1940년대 후반에 널리 보급된 통계적 품질관리 기법들은 제조공정의 안정적 관리를 목적으로 적용되었으며, 이러한 현상은 1960년대 초반까지 별다른 변화없이 이어졌다.

(3) 품질보증 시대

품질보증 시대는 제조공정 중심의 품질관리 활동이 경영 전반으로 확대

된 시기였다. 문제의 사전 예방이 여전히 일차적인 관심사였지만 품질관리의 도구와 방법이 통계학의 영역을 넘어 다양해졌다. 품질보증은 전사적 품질관리(TQC)의 일환으로 추진되었다. 1956년 GE사의 생산 및 품질 책임자였던 파이겐바움은 품질에 대한 책임을 제조 부문에 국한시키지 않는 TQC(Total Quality Control)를 제창하였다.

그는 TQC를 '마케팅, 기술, 생산 및 서비스가 가장 경제적으로 소비자를 충분히 만족시킬 수 있도록 품질개발, 품질유지 및 품질향상에 관한 조직 내 여러 그룹의 노력을 통합하는 효과적 시스템'이라고 정의하였다.

〈그림 13.1〉 품질경영의 발전적 진화

(4) 품질경영 시대

품질관리가 검사 중심에서 품질에 관련된 여러 부문의 효과적인 기능적 연결을 중시하는 품질보증으로 발전하였음에도 불구하고 1960년대까지는 품질이란 주로 결함으로 인한 손실이나 기업 이미지의 손상을 방지하기 위해 관리하는 것으로 생각되어 왔다. 1970년대에 접어들면서 품질에 대한 이러한 소극적이고도 방어적인 입장에서 벗어나 품질의 전략적 측면까지 고려하기 시작하였다. 품질보증에 비해 품질경영은 결함방지에서 한 걸음 더 나아가 지속적 품질개선과 품질의 전략적 활용을 추구하고 있으며, 최근에는 '지속가능한 성장(sustainable growth)'의 관점에서 이해관계자 만족을 추구하는 경영품질로 발전하고 있다.

품질보증(QA)

미국품질협회(ASQ)에서는 품질보증(QA, Quality Assurance)을 다음과 같이 정의하고 있다.

"품질보증이란 제품이나 서비스가 품질의 요구사항을 충족시키고 있다는 확신(믿음)을 주기 위해 품질시스템 내에서 이루어지는 계획적이고 체계적인 모든 활동을 말한다."

이상의 정의에서와 같이 품질의 요구사항을 충족시키고 있다는 '확신'을 주기 위해서는 품질에 관련된 모든 부문이 잘 짜여진 계획에 따라서 체계적인 활동을 해야 한다. 이를 위해 품질보증을 주목적으로 하던 TQC 시대에는 조직 내 각 부문들이 어떤 절차나 단계에 따라 어떤 업무를 수행해야 하는지 흐름도(Flow Chart)의 형태로 알기 쉽게 정리한 '품질보증체계도'를 작성하였다.

또한 부문 간의 연계와 협력의 전반적 흐름을 나타내는 품질보증체계도 만으로는 구체적으로 누가 무엇을 책임지고 어떤 일을 해야 하는지 불확실하다. 이러한 문제를 보완하기 위해 업무 단계별 보증사항과 보증을 위한 업무, 책임자 및 관계자, 관련 규정 등을 세부적으로 명시한 '품질보증활동

일람표'를 작성하였다.

품질보증체계도와 품질보증활동 일람표는 공급자 입장에서 품질보증 활동을 체계적으로 수행하기 위한 수단이었으나 이제는 ISO 9000과 같은 제3자 품질경영시스템 인증으로 대체된 경우가 대부분이다. 사실 따지고 보면 이러한 품질보증활동은 기업이 마땅히 해야 할 품질업무이기 때문에 품질보증(QA)과 품질관리(QC)는 같은 의미로도 쓰인다.

품질경영시스템 인증의 역사

전통적으로 군수산업이나 원자력산업 등과 같이 안전이 확보되지 않으면 인명에 직접적 영향을 주는 산업에서는 특히 품질보증을 강조하였다. 1963년 미국 정부가 제정한 MIL-Q-9858A 규격은 품질경영시스템(QMS, Quality Management System) 인증의 모태가 되었다. 이것은 1959년에 제정된 MIL-Q-9858를 개정한 것인데 국방 분야의 계약 규격으로 제정한 것이기 때문에 '규격(specification)'이라는 이름이 붙었지만 본질적으로는 '품질경영시스템 표준'이었다.

이러한 품질보증시스템의 도입이 효과를 거두자 1962년 NASA도 자신의 공급자들에게 적용할 품질시스템 요구사항을 개발하였다. 또한 미국 연방 원자력법에도 MIL-Q-9858A가 반영되면서 품질보증시스템은 원자력산업으로 확대되었다.

이후 이러한 품질보증시스템은 유럽으로 전파되었다. 1965년 NATO(북대서양조약기구)는 규용장비의 획득에 적용할 품질보증시스템인 AQAP(Allied Quality Assurance Procedures)를 도입하였다. 1970년대에 접어들면서 영국표준협회(BSI)는 영국 최초의 품질보증 표준인 BS 9000과 품질보증 가이드라인인 BS 5179를 발행하였으며, 1979년에는 일반 산업의 제조업자들에게 적용할 품질보증시스템 표준인 BS 5750 시리즈를 제정하였다.

이처럼 품질보증시스템에 대한 다양한 표준이 개발·적용되면서 기업의 부담이 가중되었다. 통일된 품질보증시스템의 필요성을 절감한 ISO는 1987년 영국의 BS 5750을 그대로 채택하여 ISO 9000 국제표준으로 제정하였다. 이 때 시스템을 대상으로 한 최초의 국제표준이라는 상징적 의미로 9000번을 부여하였다.

1987년 ISO 9000의 제정 당시에는 5개의 규격(9000, 9001, 9002, 9003, 9004)으로 구성되어 있었기 때문에 'ISO 9000 시리즈'라고 불렀다. ISO 9000은 9001, 9002, 9003, 9004의 선택과 활용을 위한 가이드라인에 대한 규격번호이지만 통상적으로 ISO 9000 시리즈를 통칭하는 의미로 널리 사용된다.

1994년 ISO 9000은 완제품의 점검 대신 예방조처를 강화하는 쪽으로 소폭 개정되었으며, 2000년에는 품질보증 중심에서 품질경영 중심의 시스템으로 대폭적인 개정이 이루어졌다. 2000년 개정에서는 프로세스 관리를 위한 요구사항과 지속적 개선을 위한 요구사항을 포함시키고, 제품 조직뿐아니라 서비스 조직까지 적용 대상을 넓혔다. 이와 함께 3개의 규격(ISO 9001, 9002, 9003)을 ISO 9001으로 통합시켜 다음과 같이 변경하였다.

- ISO 9000:2000

  Quality management systems : Fundamentals and vocabulary

- ISO 9001:2000

  Quality management systems : Requirements
- ISO 9004:2000

  Quality management systems : Guidelines for performance
  improvements

이후 2005년과 2008년, 2009년에 소폭 개정되었으나 아직 크게 달라진 것은 없다. 현재는 'ISO 9000 시리즈'라는 용어 대신 그와 관련된 여러 가지 표준을 모두 포괄하여 'ISO 9000 패밀리'라고 부르고 있다.

ISO 9000 품질경영시스템 개요

ISO 9000 패밀리 중 ISO 9000, 9001, 9004에 대해 소개하기로 한다.

(1) ISO 9000(품질경영시스템 – 기본사항 및 용어)

ISO 9000 전체 패밀리의 사용과 관련된 기본사항과 용어를 소개하고 있으며, 지속적인 개선을 이루기 위한 프로세스 접근방법과 8가지 품질경영의 원칙을 담고 있다. ISO 9000 품질경영시스템은 '관련된 자원 및 활동이 하나의 프로세스로 관리될 때 원하는 결과를 보다 효율적으로 달성할 수 있다'는 품질경영 원칙에 따라 〈그림 13.2〉에 나타낸 것과 같이 '프로세스 접근방법(process approach)'을 채택하고 있다. 프로세스란 '입력을 출력으로 변환하는(상호 연관되어 있거나 상호작용을 하는) 활동들의 집합'을 말한다. 통상적으로 한 프로세스의 출력은 다음 프로세스의 입력이 된다.

프로세스를 통하여 입력이 출력으로 변환되면서 부가가치가 창출되므로 프로세스의 관리란 부가가치의 창출을 효과적으로 하기 위한 활동이라고 볼 수 있다. 품질경영시스템에 프로세스 접근방법을 사용할 경우 다음과 같은 사항들이 중요하게 고려되어야 한다.

- 요구사항의 이해와 충족
- 부가가치 측면에서 프로세스의 이해
- 프로세스 성과의 달성
- 객관적 측정을 기반으로 프로세스의 지속적 개선

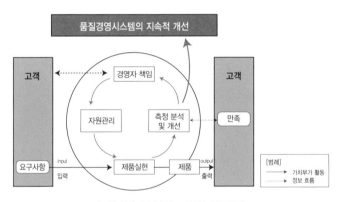

〈그림 13.2〉 ISO 9000 프로세스 접근방법

　일반적으로 프로세스의 관리과정은 '계획(Plan)-실행(Do)-점검(Check)-조처(Action)'의 4가지 단계가 지속적으로 반복되는데(보통 'PDCA 사이클을 돌린다'고 표현), 〈그림 13.2〉의 원 안에서도 이 과정이 반복되는 것을 볼 수 있다.

(2) ISO 9001(품질경영시스템-요구사항)

이 표준은 고객만족을 제고하고 법적·규제적 요구사항을 충족시키는 제품(여기서 제품이라는 용어는 서비스, 가공된 재료, 하드웨어 및 소프트웨어 모두를 포함)을 일관되게 공급할 수 있는 능력을 입증하기 위해 조직이 반드시 충족시켜야 할 품질경영시스템의 기본적 요구사항을 규정하고 있다. ISO 9001은 품질경영시스템 '인증'의 유일한 대상이다.

ISO 9001에서는 시스템을 실행할 때 고려해야 할 활동들을 규정한 표준을 다음과 같은 5가지 항목으로 나누고 있다.

- 품질경영시스템(Quality management system)
- 경영자 책임(Management responsibility)
- 자원관리(Resource management)
- 제품실현(Product realization)
- 측정, 분석 및 개선(Measurement, analysis and improvement)

(3) ISO 9004(품질경영시스템-성과개선 가이드라인)

이 표준은 조직의 장기적 성공이라는 관점에서 ISO 9001보다 품질경영시스템의 목표에 대해 훨씬 더 광범위한 지침을 제공한다. 이 표준에서는 지속가능한 성장의 관점에서 고객뿐 아니라 다른 이해관계자들의 만족까지 추구한다. 여기서 '이해관계자(interested party)'란 조직의 성과나 성공에 관심이 있는 개인이나 집단을 말하는데 고객, 직원, 주주, 공급자, 파트너 및 지역사회 등이 포함된다.

14 안전품질

안전은 품질의 킹핀(kingpin)이다. 볼링의 10개 핀 중 중앙에 있는 킹핀이 공에 맞으면 나머지 모든 핀들이 다 넘어진다. 많은 기업들이 보다 더 저렴한 가격, 좋은 디자인, 우수한 성능, 매력적인 특성의 부가를 위해 골몰하고 있으나 안전에 문제가 발생하면 만사가 수포로 돌아간다. 이렇게 평범하고도 중요한 사실을 문제가 터진 다음에야 뼈저리게 느끼는 경우가 예나 지금이나 적지 않다.

백년기업 로빈스의 파산

원치 않는 임신을 피하기 위해 사용하는 자궁 내 피임기구(IUD, Intra-Uterine Device)의 역사는 천 년이 넘었다고 한다. 탈무드나 히포크라테스의 글에도 이러한 종류의 여성용 피임기구가 언급되어 있다. IUD의 역사는 이처럼 오래되었지만 의학적 연구물로 탄생한 것은 20세기 중반이 지나서였다.

1960년대에 이르러서야 미국 식품의약국(FDA)의 승인을 받은 최초의 플라스틱 IUD가 개발되었으며 이후 다른 IUD들이 계속 출시되었다. 당시 경구용(經口用) 피임약의 장기복용에 대한 위험성이 언론에 연일 보도되고 있었기 때문에 IUD 시장은 급팽창하고 있었다. 이러한 시대적 배경하에 미국 존스홉킨스대학의 산부인과 의사였던 휴 데이비스(Hugh Davis) 박사는 자신과 같이 일하던 공학자 어윈 러너(Irwin Lerner)와 함께 '달콘실드(Dalkon Shield)'라는 새로운 IUD를 개발하였다. 벌레 모양으로 생긴 달콘실드는 다음과 같은 특징을 갖고 있었다.

- IUD가 자궁에서 이탈하는 것을 방지하기 위해 벌레의 발과 같은 여러 개의 뾰족한 스파이크가 붙은 모양으로 만들었다.
- 피임 확률을 높이기 위해 중앙에 얇은 차단 막을 부가하였다.
- IUD가 자궁 내에 제대로 위치하고 있는지 의사가 쉽게 검진할 수 있도록 가는 실을 여러 겹 자아내서 만든 다(多)섬유 끈을 달았다.

로빈스(Robins)사의 달콘실드는 유명 대학의 명망 높은 의사가 개발했다는 후광을 업고 출시 후 3년 반 동안 수백만 개가 팔려나갔다.

경쟁회사들의 IUD는 낚시 줄처럼 한 가닥으로 된 나일론 끈을 매달았으나 달콘실드에 사용된 끈은 수백 가닥의 가는 플라스틱 섬유를 피복 안에 넣은 것이었다. 달콘실드가 다섬유로 된 끈을 사용한 이유는 사용자들이 IUD가 자궁 내에 잘 보존되고 있다는 것을 감각적으로 느낄 수 있고 의사가 검진 시 쉽게 꺼낼 수 있도록 하기 위한 것이었다. 사용자들은 몰랐지만 로빈스 사의 최고 경영진은 이것이 문제의 소지가 있다는 사실을 공유하고 있었다.

달콘실드에 사용한 끈이 문제가 된 것은 질(膣)과 자궁의 환경과 관련된 것이었다. 여성의 질은 항상 젖어있고 자생하는 수많은 박테리아의 서식처일 뿐 아니라 외부 박테리아에도 매우 민감한 곳이다. 그에 반해 자궁은 살균된 장기인데 다섬유질 끈은 외부 박테리아가 자궁으로 들어가는 통로 역할을 하였다. 문제를 더욱 악화시킨 것은 다섬유질 끈의 피복으로 사용되었던 나일론 소재가 시간이 지나면 파손되어 외부 박테리아의 진입이 훨씬 더 쉬워진다는 것이었다. 이러한 위험성에 대해 로빈스의 경영진은 사전에 인지하고 있었음에도 불구하고 달콘실드의 출시를 재촉하였다.

시간이 지나면서 문제가 드러나기 시작했다. 달콘실드를 착용한 여성들이 출혈과 성관계 시의 통증을 호소하며 병원을 찾았다. 의사들은 이것이 정상적인 박테리아가 유발할 수 있는 골반염증 질환이라고 진단하고 항생제를 처방하였다. 더 큰 문제는 피임 실패율이 1% 정도라고 광고하였으나 실제로는 10% 가까이 된 것이었다. 달콘실드를 착용한 여성들 중 임신한 사람이 늘어났으며 이들 중 일부는 패혈성 유산을 경험하였다. 최악의 경우에는 감염이 심하여 이로 인한 사망자가 최소한 18명으로 집계되었다.

문제가 봇물 터지듯 쏟아지자 1974년 로빈스는 달콘실드의 판매를 중단하였지만 법적 소송은 이후 수년간 지속되었다. 달콘실드 자체의 문제가 아니라 사용자의 위생관리 소홀과 안전하지 못한 성행위 때문이라고 항변하였지만 이를 입증하기가 쉽지 않았다. 1980년대가 되자 40만 명이 대규모 집단소송을 준비하였다.

판매를 중단하고도 이미 판매한 제품에 대해 리콜을 실시하지 않았기 때문에 문제는 걷잡을 수 없이 커져갔다. 122년 장수기업 로빈스는 더 이상 버티지 못하고 1985년 파산을 신청하였다. 1989년 아메리칸 홈 프로덕트(American Home Products)는 달콘실드 피해자들을 위한 25억 달러 규모의 기금을 제공한다는 조건으로 로빈스를 인수하였다.

포드자동차 핀토의 화재

제품 안전사고와 관련하여 달콘실드 사례보다 더 널리 알려진 것은 포드(Ford)의 소형차인 핀토(Pinto)이다. 1960년대 미국 소형차 시장에 독일의 폭스바겐과 일본산 자동차들이 유입됨에 따라 미국 업체들이 큰 곤경에 빠졌다. 이를 극복하기 위해 포드자동차는 1968년 당시 부사장이었던 리 아이아코카(Lee Iacocca)의 제안에 따라 내수용 소형 승용차의 개발에 급히 나섰다.

통상적으로 자동차 개발에 43개월이 걸렸으나 핀토는 25개월만에 출시되었다. 출시 후 처음 몇 년간 핀토는 날개달린 듯이 팔려나가 포드의 대표 차종으로 부상하였다. 그러던 중 세간의 이목을 집중시킨 사고가 터졌다.

1972년 5월 릴리 그레이라는 51세의 여성이 13세의 소년 리처드 그림쇼를 태우고 핀토를 운행하다가 주유소에 들러 연료를 보충한 후 다시 도로로 진입하던 중 약 시속 45km 정도로 뒤에서 달려오던 차와 추돌하는 사고가 발생하였다. 추돌 직후 핀토는 순식간에 화염에 휩싸였다. 이 사고로 운전하던 여성은 불에 타 숨겼으며 동승했던 소년은 전신에 중화상을 입었다.

문제는 연료탱크의 위치였다. 승용차의 연료탱크는 후방 차축(rear axle) 위에 설치하는 것이 일반적 관행이었으나 핀토는 트렁크 공간을 넓히기 위해 차축 뒤에다 설치하였다. 이러한 설계상의 문제 때문에 심하지 않은 추돌에도 후방 차축과 추돌하는 차 사이에 끼인 연료탱크가 파손되어 흘러나온 연료로 인한 화재가 발생하였던 것이다.

〈그림 14.1〉 핀토의 연료탱크 위치

피해자 가족들은 포드자동차가 핀토를 급하게 서둘러 개발하느라 안전성을 충분히 고려하지 못한 것이 사고의 원인이라며 포드자동차에 손해배상을 요구하는 소송을 제기하였다. 포드자동차는 출시 초기에 연료탱크의 잠재적 결함을 미리 알고 있었음에도 불구하고 리콜 등과 같은 안전대책을 강구하지 않은 것이 재판과정에서 드러났다.

얼굴을 알아볼 수 없을 정도로 심한 화상을 입은 원고의 비참한 모습에 배심원들은 크게 분노하여 사망한 그레이의 가족과 중화상을 입은 그림쇼에게 각각 56만 달러와 250만 달러의 손해배상금을 지불할 것과 더불어 1억 2천 5백만 달러라는 엄청난 징벌적 배상금을 부과하였다.

핀토의 제1심 판결은 통상의 손해배상금과 같은 금액의 징벌적 배상금만을 인정하여 총 7백만 달러의 배상금을 지급하라는 것으로 결정이 났다. 그러나 핀토에 대한 소비자들의 분노와 눈덩이처럼 불어나는 손해배상액 등으로 인해 1980년 가을 포드는 결국 핀토의 생산을 중단하였다.

전기자동차 테슬라의 시련

전기자동차 업계의 애플로 칭송받으며 승승장구하던 테슬라(Tesla Motors)가 겪고 있는 시련은 포드 핀토의 사례가 과거의 이야기에만 머물지 않는다는 것을 잘 보여준다.

기존 자동차회사들이 출시한 전기차들은 휘발유 엔진의 중소형 대중차를 그냥 전기차로 바꾼 개념이다. 배터리를 한 번 충전하여 달릴 수 있는 거리를 일정 기준 이상으로 늘리면서도 시장 보급률을 높이려면 차를 작게 만드는 것이 매우 중요하다. 그러나 이렇게 탄생한 전기자동차에 대한 시장의 반응은 호의적이지 않았다. 동일한 크기의 기존 자동차에 비해 가격이 3배 가까이 비싸기 때문에 정부의 과감한 보조금 지원이 없이는 좀처럼 팔리기 어려운 실정이다.

테슬라는 업계의 일반적 상식에 정면으로 도전했다. 전기자동차의 원가를 낮추는 데 집중하는 대신 충분한 용량의 배터리를 사용하여 1회 충전으로 달릴 수 있는 거리를 일반 휘발유 엔진 자동차가 한 번 급유한 뒤 달릴 수 있는 것만큼 늘려 놓았다. 가격을 낮추려고 노력하는 대신 강력한 주행성능과 스포츠카와 같은 멋진 디자인으로 부자들에게 승부를 걸기로 하였다.

사실이든 아니든 친환경적인 이미지를 가진 전기자동차가 세련된 최고급 스포츠 세단과 같이 설계되었으니 돈에 구애받지 않는 부자들에겐 자신을 돋보이게 하는 데 더 없이 좋은 상품이었다. 테슬라의 주력 상품인 모델 S의 2013년 1분기 미국 내 판매량은 벤츠 S 클래스, BMW 7 시리즈, 아우디 A8과 같은 다른 고급 자동차의 판매량을 추월하였다. 테슬라 S의 판매 가격을 대당 1억 원 정도로 다른 고급 자동차보다 더 비싸게 책정한 것을 감안하면 그야말로 놀라운 성과였다.

그러나 2013년 하반기에 테슬라 모델 S가 3번이나 화재 사고를 내면서 주가가 폭락하였다. 통상적으로 자동차 설계 시 도로 위의 이물질과의 충돌 가능성을 고려하고 있으나 미국 도로교통안전국(NHTSA)은 테슬라가 충격을 줄일 수 있는 차폐시설을 갖추지 못한 것으로 의심하고 있다.

화재로 인해 차의 앞부분이 전소(全燒)되었으나 다행히 인명피해는 없었다. 그러나 테슬라의 화재는 마치 핀토의 데자뷔를 보는 듯하다.

자격조건과 성공조건

카노 모델에서 이미 설명한 바와 같이 당연적 품질이 충족되지 못하면 뛰어난 매력적 품질이 있어도 고객을 만족시킬 수 없다. 이러한 사실을 보다 명확히 설명하기 위해 런던 경영대학원의 테리 힐(Terry Hill) 교수는 '수주 자격조건'과 '수주 성공조건'이라는 개념을 제시하였다.

- **수주 자격조건(Order Qualifier)**
  고객의 구매 고려대상이 되기 위해 제품이나 서비스가 구비해야 할 특성
- **수주 성공조건(Order Winner)**
  고객의 구매를 이끌어 낼 수 있는 제품이나 서비스의 특성

경쟁사를 제치기 위한 수주 성공조건에 몰입하다가 수주 자격조건의 관리에 실패하여 낭패를 보는 경우가 적지 않다. 안전품질은 만고불변의 자격조건이다. 안전을 소홀히 하는 경영은 모래 위에 지은 집과 같다.

15 제품책임(PL)

미국의 한 할머니가 물에 젖은 고양이의 털을 말리기 위해 전자레인지를 사용했다. 쉽게 짐작할 수 있듯이 끔찍한 결과가 나왔다. 이 할머니는 전자레인지 제조업체가 표시 및 경고를 제대로 하지 않아서 이런 일이 생겼다고 손해배상을 청구하였는데 승소하여 수백만 달러의 보상을 받았다. 이것은 PL 소송의 남발을 우려하여 지어낸 가상의 이야기이다. 그러나 거꾸로 생각하면 기업이 얼마나 PL 문제에 철저히 대비해야 하는지를 역설적으로 보여준다.

인명(人命)은 재천(在天)인가?

계절의 여왕답게 날씨도 화사한 1998년 5월 어느 날 오후, 생후 16개월 된 대니의 보모는 아이를 유아용 침대에 두고 낮잠을 재웠다. 아이가 잠든 후 얼마간 자리를 비웠던 보모가 돌아와 보니 침대가 안쪽으로 넘어져 있고, V자 모양이 된 침대 둘레 중간 부분에 아이의 목이 걸려 있었다. 아이는 더 이상 숨을 쉬지 않았다. 보모는 죽은 대니가 자기 아이였으면 차라리 나았겠다고 자책하며 슬픔을 가누지 못했다.

시카고대학의 부부 교수였던 대니의 부모는 '인명은 재천'이라고 생각하면서 어느 누구도 탓하지 않았다. 그러나 장례식이 끝나고 몇일 지나지 않아 그들의 비극을 단순히 운명이라는 이름으로 덮을 일이 아니라는 것을 알게 되었다. 같은 사고로 이미 다른 네 명의 유아들이 사망하였으며, 정부는 5년 전 이 유아용 침대를 모두 회수할 것을 명령한 바 있었다.

정황으로 봐서 잠에서 깬 대니가 침대 옆 둘레 상단을 잡고 일어서려 했으나 침대는 불과 12kg도 안되는 아이의 무게를 견디지 못하고 안쪽으로 무너진 것이 분명했다.

대니의 부모는 이 침대가 시한폭탄과 다름이 없으며 다른 아이들이 또 희생될 것이라고 언론에 호소하였다. 실제로 대니가 죽은 후 3개월만에 뉴저지에 있는 10달 된 아기가 같은 사고로 목숨을 잃었다.

사고를 초래한 유아용 침대는 아동용품 업체인 플레이스쿨(Playskool)이 만든 것이었다. 대니의 가족과 가까운 이웃이었던 펠처(Marla Felcher) 박사는 어떻게 유명 업체가 이럴 수 있는지 분노하여 2년간 아동용품 업계를 조사하였다.

그녀가 내린 결론은 분명하였다. 아이의 부모들은 제품의 위험성에 대해 모르면서 브랜드를 신뢰하는 데 반해 업체는 자신들의 제품이 아이들에게 상해나 죽음을 초래할 수도 있다는 것을 알면서도 계속 판매를 한다는 것이었다.

펠처 박사가 이를 고발하기 위해 쓴 「그것은 우연이 아니다(It's No Accident)」라는 책 표지에 있는 귀엽고 예쁜 아이들의 사진은 모두 안전하지 못한 유아용품 때문에 목숨을 잃었거나 중상을 입은 유아(幼兒)들이다.

제품책임(PL)

PL(Product Liability)이란 제조물의 결함으로 인해 그 물건의 사용자나 제3자에게 인적·물적 손해가 발생한 경우에 그 제조업자(제조물의 제조·가공 또는 수입을 업으로 하는 자)가 손해 배상의 책임을 지도록 하는 것을 말한다. 품질경영 분야에서는 PL을 통상적으로 '제품책임'이라고 번역하지만 법률 분야에서는 '제조물책임', 보험 분야에서는 '생산물 배상책임'이라고 이야기 한다.

미국의 경우 별도의 PL법은 제정되어 있지 않으나 1960년대 초부터 판례에 따라 PL 법리가 과실책임 및 보증책임에서 엄격책임으로 발전되어 왔다.

- **과실책임(Negligence Liability)**
  충분한 주의를 기울였다면 사용자에게 피해를 주지 않았을 것이라고 판단되는 과실에 대한 배상책임을 말한다.

- **보증책임(Warranty Liability)**
  생산자나 판매자가 확약한 사항을 위배할 경우에 대한 배상책임. 명시적 보증과 묵시적 보증이 모두 포함된다.

- **엄격책임(Strict Liability)**
  제품 결함으로 인해 사람의 신체나 재산상의 피해가 발생하는 경우 과실 존재의 입증이나 계약조건에 상관없이 제조업자가 이를 배상 할 책임. 제조업자의 고의나 과실이 없더라도 제품 자체의 결함이 존재할 경우 무조건 배상하라는 것은 제조업자 에게 보다 '엄격(strict)'하게 바뀐 것이라고 할 수 있다. 과실이 없더라도 배상책임이 있다는 의미에서 '무과실책임'이라고도 한다.

결함의 종류

엄격책임의 대두에 따라 제품책임은 결함의 존재 유무에 따라 결정되므로 '결함'이 PL의 핵심적 요건이 된다. 일반적으로 결함은 설계상의 결함, 제조상의 결함 및 지시·경고상의 결함으로 분류된다.

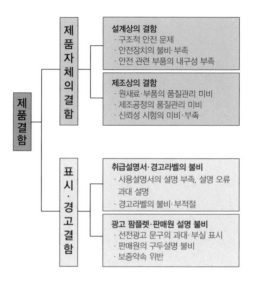

〈그림 15.1〉 제품결함의 유형

• **설계상의 결함**

합리적인 대체 설계를 채용했더라면 피해나 위험을 줄이거나 피할수 있었음에도 불구하고 그렇게 하지 않아서 발생한 결함을 말한다. 안전장치가 미비한 기계나 잠재된 부작용이 있는 의약품 등과 같이 설계 자체에 문제가 있다면 생산된 제품 모두가 결함이 있는 것으로 판정되기 때문에 제조업자에게는 가장 심각한 문제가 된다.

- **제조상의 결함**

  제조물이 의도한 설계와 다르게 제조·가공되어서 발생한 결함을 말한다. 제조공정의 품질관리 부족 및 불완전한 검사 때문에 설계도나 규격서에 부합하지 않는 불안전한 제품이 출하되는 경우이다.

- **표시 및 경고상의 결함**

  합리적인 설명이나 지시 및 경고 표시를 제대로 하였더라면 피해나 위험을 피하거나 줄일 수 있었지만 그렇게 하지 않은 결함을 말한다. 이러한 결함은 제품의 설계 및 제조상에 아무런 문제가 없더라도 발생할 수 있다.

PL 대책

PL 대책을 크게 나누면 사고의 발생을 미연에 방지하기 위한 예방대책과 사고가 발생한 후에 그로 인한 피해를 최소화하기 위한 방어대책으로 구분할 수 있다.

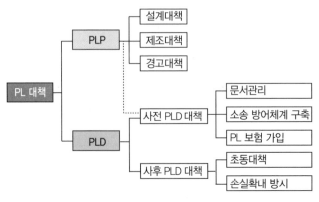

〈그림 15.2〉 PL 대책 체계도

(1) PLP(Product Liability Prevention)

PLP는 PL 문제의 발생을 방지하기 위한 사전 예방대책을 말한다. PLP를 PS(Product Safety) 대책이라고 하는 경우도 많은데 PL 예방대책의 핵심이 제품안전 대책이기 때문이다. 제품안전의 확보를 위한 PLP의 주요 내용을 간략히 살펴보자.

① 전사 차원의 대응체계 구축
- 제품안전 경영방침의 확립
- 제품안전 담당 조직의 정비
- 제품안전 관련 규정과 매뉴얼의 정비 및 교육

② 결함 유형별 안전대책의 마련 및 실시
- **설계상의 결함대책**

  제품의 안전성을 확보하기 위해서는 설계단계에서 결함을 원천적으로 예방하는 것이 무엇보다 중요하다. 이 단계에서는 신뢰성 기술과 설계심사의 역할이 중요하다.
- **제조상의 결함대책**

  제조상의 결함을 예방하기 위해서는 설계도나 규격서에 부합하는 제품이 만들어질 수 있도록 사내 공정관리를 철저하게 진행하는 것이 중요하다.
- **표시·경고상의 결함대책**

  일반적으로 PL 사고의 발생원인 중 표시 및 경고상의 결함 비중이 가장 높다. 미국 보험협회의 조사에 의하면 PL 보험금 지급 사례 중 44%

정도가 표시 및 경고상의 결함 때문인 것으로 나타났다. 표시 및 경고상의 결함을 주장하는 소송 제기가 높은 이유 중 하나는 설계 결함이나 제조상의 결함은 기술적 내용이 포함되어 있어서 일반 소비자가 주장하기 힘들지만 표시 및 경고상의 결함은 상대적으로 입증이 쉽기 때문이다.

③ 관련 업체들 간의 책임관계 명확화

PL법에서는 동일한 손해에 대해 배상할 책임이 있는 자가 복수인 경우에는 연대하여 배상하도록 하고 있다. 제조업자로는 완성품 제작업체 외에 재료 공급업체, 부품 제작업체, 설계 및 제조의 일부 또는 전체를 담당한 외주업체, OEM 업체 등이 있기 때문에 PL 사고 발생 시 책임 소재를 결정하는 것이 복잡해질 수 있다. 따라서 PL 사고 발생 시 관련업체들이 어떻게 책임을 분담할 것인지 사전에 명확히 해 두어야 한다.

(2) PLD(Product Liability Defense)

PL 사고가 발생할 경우 사고의 원인이 자사가 제조·판매한 제품의 결함이라면 당연히 책임을 져야하지만 책임의 소재를 명확히 하고 부당한 희생이나 필요 이상의 과다한 부담을 지는 것은 피해야 하다. PLD는 PL 사고가 발생했을 때 그로 인한 피해를 최소화하기 위한 사후 방어대책을 말한다.

PLD 대책은 향후 PL 사고가 일어날 경우 그 피해를 줄이기 위해 미리 대비하는 사전 PLD 대책과 실제 사고 발생 시 이의 효과적 처리를 위한 사후 PLD 대책으로 나눌 수 있다.

① 사전 PLD 대책

- PL 방어를 위한 문서관리
- 소송 방어체계의 구축
- PL 보험의 가입

② 사후 PLD 대책

사후 PLD 대책은 PL 사고로 인한 분쟁처리에 관한 것인데 올바른 초동 대책과 손실확대 방지를 위한 후속 조치로 구성된다.

16 통계적 사고와 방법

수리통계학을 정립한 영국의 수학자 칼 피어슨(Karl Pearson)은 "통계는 과학의 문법"이라고 했지만 영국의 수상을 지낸 벤저민 디즈레일리(Benjamin Disraeli)는 "이 세상에 3가지 종류의 거짓말이 있다 – 거짓말, 새빨간 거짓말, 그리고 통계"라고 했다. 이것은 잘 쓰면 약이지만 잘못 쓰면 독이 되는 통계의 양면성을 표현한 것이다.

평균값의 함정

지난해 우리나라 1인당 국민총소득(GNI)은 2천 5백만 원이 조금 넘었다고 한다. 이것을 4인 가족 기준으로 환산하면 연소득이 1억 원을 넘어선다는 의미인데 대다수의 사람들은 이를 사실로 받아들이기 힘들 것이다. 통계로 나타난 1인당 국민소득이 우리의 인식과 상당한 차이를 보이는 가장 큰 이유는 부의 편재(偏在) 현상 때문이다. 다음 예를 통해 이를 설명해 보자.

2012년 총선에 출마한 927명의 국회의원 후보들의 평균 재산은 약 40

억 원 정도로 나타났다. 이들 중 가장 큰 재력가 한 사람의 개인 재산은 나머지 후보들 모두의 재산 총액보다 더 많기 때문에 최고 재력가 1인만 제외하면 총선 후보들의 평균 재산이 통계치의 절반 이하로 떨어진다. 이처럼 다른 데이터 값들과 현저하게 떨어진 이상치(Outlier)가 있거나 데이터의 쏠림현상이 있을 때에는 평균값이 일반적 인식과는 상당히 차이날 수 있다.

통계에서 모집단의 특성을 하나의 수치로 나타낸 값을 대푯값이라고 한다. 우리는 보통 대푯값으로서 평균값을 사용하지만 앞서 설명한 예는 평균값이 대푯값으로서 적절하지 못한 경우가 있다는 것을 잘 보여준다.

일반적으로 대푯값으로 사용되는 척도에는 다음과 같은 3가지가 있다.

- 평균값(Mean)
  우리가 일반적으로 사용하는 단순 산술평균으로서 통계적 분포에 치우침이나 이상치가 없을 때 대푯값으로서 적합하다.
- 중앙값(Median)
  데이터 값들을 크기순으로 정렬했을 때 정중앙에 위치하는 값을 말하며 통계적 분포에 치우침이나 이상치가 있을 경우 대푯값으로서 적합하다.
- 최빈값(Mode)
  데이터 중 출현 빈도가 가장 많은 값을 말한다.

2010년 통계청 자료에 따르면 우리나라 가구당 평균 구성원 수는 2.7명이며, 구성원 수의 비율은 1인 가구 23.9%, 2인 가구 24.3%, 3인 가구 21.3%, 4인 가구 22.5%, 5인 이상 가구가 8.1%로 나타났다. 이 경우 가구당 구성원수의 평균값은 2.7명, 최빈값은 구성원 비율이 가장 높은 2명이 된다.

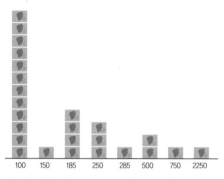

〈그림 16.1〉 월평균 소득 수준의 가상 데이터(단위 : 만 원)

이상과 같은 3가지 종류의 대푯값을 설명하기 위해 어떤 직장에 근무하는 25명의 직원들의 월급을 가상적으로 나타낸 〈그림 16.1〉을 보자. 이 그림에 따르면 조사된 25명 중 최하 월급인 100만 원을 받는 사람이 무려 10명이나 되지만 최고 2천 250만 원의 월급을 받는 사람도 있다.

이 데이터를 가지고 평균값을 계산하면 285만 원이 되므로 이 직장의 월평균 급여는 285만 원이 된다. 그러나 중앙값은 월급 수준이 중간(즉, 25명 중 13번째)에 위치한 150만 원이 된다. 또한 월급이 100만 원인 사람이 가장 많으므로 최빈값은 100만 원이 된다.

산포도(散布度)

산포도란 대푯값을 중심으로 데이터 값들이 얼마나 흩어져 있는지를 나타내는 척도이다. 산포도의 척도 중 가장 간단한 것은 최댓값과 최솟값의 차이를 나타내는 '범위(range)'이다. 그러나 이상치가 존재할 경우 이것이 범위에 큰 영향을 미치기 때문에 통계적 방법에서는 산포도의 척도로서 범위 대신 '표준편차(standard deviation)'를 널리 사용하고 있다. 여기서 '편차(deviation)'란 평균값과의 차이를 의미한다. 즉, 데이터 값이 평균값에서 많이 떨어져 있을수록 편차는 커진다. 통계 분야에서는 편차 제곱의 평균을 '분산(variance)'이라고 하고, 분산의 제곱근을 표준편차라 한다.

일반적으로 어떤 모집단에서 추출한 샘플들을 측정한 데이터의 대푯값(즉, 중심치)과 이들이 대푯값을 중심으로 흩어져 있는 정도를 나타내는 산포도를 알면 대략 모집단의 분포를 짐작할 수 있다. 이 때문에 통계적 방법에서는 기본적으로 대푯값과 산포도를 먼저 계산한다.

대푯값과 산포도만으로는 충분치 않다

일반적으로 대푯값과 산포도를 알면 모집단의 분포 형태를 어느 정도 짐작할 수 있지만 그렇지 않는 경우도 있다. 〈그림 16.2〉에 나타낸 두 분포는 모양이 매우 다르지만 평균값과 표준편차는 동일하다. 왼쪽의 분포는 치우침이 없는 좌우 대칭형이지만 오른쪽의 분포는 봉우리가 왼쪽으로 많이 치우쳐 있다.

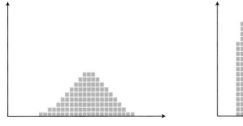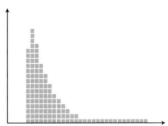

〈그림 16.2〉 평균과 표준편차가 동일한 두 분포

따라서 모집단의 특성을 잘 이해하려면 대푯값과 산포도뿐 아니라 치우침(bias)도 알아야 한다. 대푯값과 산포도 및 치우침을 쉽게 알 수 있도록 한 눈에 보여주는 그래프가 다음에 설명할 박스플롯이다.

박스플롯(box plot)

'박스플롯(box plot)'을 좀 더 정확히 표현하면 '상자 수염 그림(box and whisker plot)'이라고 하는데 그 이유는 그림의 모양이 상자 아래와 위로 수염을 붙인 것 같기 때문이다. 이제부터 박스플롯의 구성 원리를 차근차근 살펴보자.

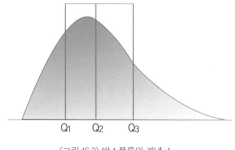

〈그림 16.3〉 박스플롯의 개념 Ⅰ

〈그림 16.3〉에서 Q1, Q2, Q3는 데이터를 크기순으로 정렬했을 때 이를 사등분하는 경계값인 사분위수(四分位數)를 나타낸다. 〈그림 16.3〉에서 Q1 이하의 면적, Q1에서 Q2 사이의 면적, Q2에서 Q3 사이의 면적, Q3 이상의 면적이 모두 전체 면적의 25%로 동일하므로 Q2는 앞서 설명한 중앙값이 된다.

〈그림 16.4〉 박스플롯의 개념 Ⅱ

〈그림 16.4〉는 〈그림 16.3〉의 상자 부문을 반시계 방향으로 90도 회전시킨 그림이다. 두 개의 상자가 붙어있는 것과 같은 모양의 이 그림은 마치 여닫이문을 문틀에 고정하는 경첩과 같은 모양을 하고 있다. 여기서 두 상자가 맞닿은 Q2(즉, 경첩이 접히는 부분)는 중앙값이다. 또한 Q2를 기준으로 모집단의 분포를 상반부와 하반부로 나누면, Q1(1사분위수)은 하반부의 중간값, Q3(3사분위수)는 상반부의 중간값이 된다.

만약 모집단의 분포 형태가 중앙값 Q2를 중심으로 좌우대칭이라면 윗 상자와 아랫 상자의 높이가 같아지는 데 반해 모집단의 분포 형태의 치우침이 클수록 두 상자의 높이 차가 커진다.

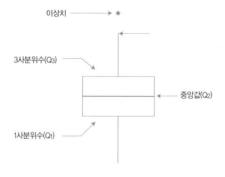

〈그림 16.5〉 박스플롯의 일반적 모양

박스플롯에서는 어떤 데이터가 다른 많은 데이터로부터 상당히 떨어져 있을 경우, 이 데이터가 이상치인지 아닌지 판단하기 위해 〈그림 16.5〉와 같이 상자 아래 위로 수염을 붙인다. 만약 어떤 데이터가 수염을 벗어난 위치에 있으면 이상치라고 판정한다.

박스플롯의 판독

지금까지 설명한 박스플롯의 이해를 돕기 위해 다음과 같은 예를 생각해 보자. 기존 공정의 수율을 높이기 위해 품질 개선활동을 추진하였다. 개선활동 전과 후의 수율을 각각 30번씩 측정하고, 이를 토대로 박스플롯을 작성하였더니 〈그림 16.6〉과 같이 나타났다. 개선활동의 성과가 있었다고 판단해도 될까?

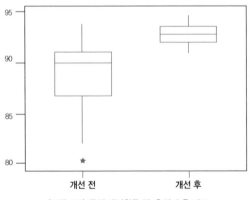

〈그림 16.6〉 품질 개선활동 전·후의 수율 비교

먼저 개선 전과 후의 수율을 비교해 보기 위해 대푯값(즉, 경첩이 접히는 부분의 위치)을 보자. 개선 전에는 수율의 중앙값이 90% 정도였으나 개선 후에는 92.5% 정도로 높아진 것을 볼 수 있다.

또한 수율의 산포를 보기 위해 상자 높이를 비교해 보면 개선 후의 상자 높이가 매우 낮아졌으므로 개선 후에는 수율의 높아진 상태가 비교적 일관되게 유지된다는 것을 알 수 있다. 또한 개선 전에는 수율의 분포가 아래쪽으로 길게 늘어지는 치우침이 있었으나 개선 후에는 좌우대칭 형태로 바뀌었다. 따라서 박스플롯을 통해 볼 때 개선활동의 성과가 뚜렷하다는 것을 쉽게 알 수 있다.

참고로 개선 전의 박스플롯을 보면 수염을 벗어난 이상치가 존재하는 것을 볼 수 있다. 이처럼 수율이 다른 측정치들에 비해 현저하게 낮은 이유는 사고나 정전 등의 특별한 이유 때문일 수도 있고, 아니면 데이터의 측정 오류나 입력 오류일 수도 있다. 이상치가 나온 원인을 분석한 결과 재발방지가 가능하다면 이상치는 통계적 계산이나 비교에서 제외하지만 그렇지 않다면 이상치도 비교분석에 포함시켜야 한다.

이상에서 설명한 바와 같이 박스플롯을 통해 통계적인 판단을 직관적으로 할 수 있으나 보다 객관적인 판단을 위해서는 통계적인 가설검정이 필요하다.

17 통계적 공정관리

현대적 품질경영의 초석을 놓은 데밍 박사는 "만약 경영진에게 나의 주장을 몇 마디로 요약해 주어야 한다면 '산포를 줄이지 않으면 안 된다'라고 말하겠다"고 한 바 있다. 산포관리가 이루어지지 못하면 품질이 안정화될 수 없기 때문에 통계적 공정관리의 핵심은 다름 아닌 산포를 통제하는 것이다.

왜 산포관리인가?

2011년도 기준의 통계청 자료에 의하면 우리나라 신생아의 기대수명은 남자가 77.6세, 여자가 84.5세라고 한다. 10년 전에 비해 남자는 4.8년, 여자는 4.4년이 늘어난 수치이다. 〈그림 17.1〉은 연령별 예상 잔여수명을 나타낸 것이다. 이 자료를 기준으로 인간의 일생을 하루 24시간에 비유하면 대략 남자 나이 39세, 여자 나이 43세 정도가 되면 정오를 지나 오후로 접어든다고 볼 수 있다.

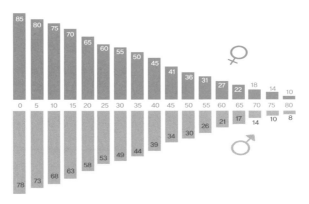

〈그림 17.1〉 한국인의 연령별 잔여수명

평균수명이 상대적으로 긴 경제적 선진국을 기준으로 하더라도 사람들의 평균수명은 대략 80세 초반 정도이다. 그렇다면 사람의 설계수명은 얼마나 될까? '인간 신뢰도(human reliability)'란 학문 분야에서는 설계수명을 대략 150세 정도로 추정하고, 의학에서는 120세 정도로 보고 있다. 다시 말해 우리 몸을 이상적으로 잘 관리할 수만 있다면 120세에서 150세 정도까지 살 수 있다는 이야기이다. 그런데 실제 생존수명은 왜 설계수명에 턱없이 못 미치는 것일까?

그것은 중요한 인체 기관들의 수명이 제각각이기 때문이다. 인체의 주요 기관들은 신뢰도 구조상 직렬구조로 연결되어 있기 때문에 뇌, 심장, 간 등과 같은 주요 기관 중 어느 하나가 기능을 멈추면 시스템 자체가 작동하지 못해 사망하게 된다. 이처럼 인간 수명은 인체를 구성하는 주요 기관 중 가장 먼저 고장나는 것에 의해 결정된다. 인체의 주요 기관들이 모두 다 잘 작동하다가 비슷한 시간대에 수명이 다하여 함께 와르르 고장이 난다면 가장 이상적일 것이다. 따라서 건강관리를 잘 한다는 것은 결국 각

기관의 수명에 대한 산포(散布)를 줄이는 것이다.

골프의 경우를 보자. 처음 골프를 배우는 사람들의 가장 큰 관심사는 공을 멀리 날리는 것이다. 그러나 비거리(飛距離)가 늘어날수록 공이 날아가는 방향이 중요하다. 의도하지 않은 방향으로 멀리 날아가 OB(Out of Bounds) 지역에 공이 떨어지면 벌타가 부과된다. 따라서 골프를 안정적으로 잘 치기 위해서는 공이 의도하는 방향에서 벗어나는 각도의 산포를 줄여야 한다. 또한 그린 위의 목표지점에 공을 안정적으로 잘 올리려면 의도하는 지점에서 벗어나는 거리의 산포를 줄여야 한다. 이처럼 골프를 잘 치려면 공이 날아가는 방향과 거리의 산포를 줄이는 것이 매우 중요하다.

앞서 산포관리의 중요성을 사람의 수명과 골프에 비유해서 설명했으나 제품·서비스·공정의 품질이 좋다는 것은 많은 경우 품질특성의 산포가 적다는 것과 같은 동일한 의미를 갖는다. 예를 들어 전기의 품질이 좋다는 것은 규정된 전압과 주파수가 일정하게 유지되는 것이다. 따라서 전압과 주파수의 산포가 적을수록 전기의 품질이 좋은 것이다.

산포의 발생원인

일반적으로 생산공정의 관리목표는 설계품질에 합치되는 제품을 만들어 내는 것이다. 그런데 동일한 조건하에서 동일한 작업자들이 동일한 작업을 반복하더라도 생산된 제품의 품질에는 반드시 산포(변동)가 생기기 마련이다. 이러한 산포를 발생시키는 원인은 크게 다음과 같은 두 가지로 분류할 수 있다.

첫째, 생산조건이 엄격히 관리되고 있는 공정에서도 일상적으로 발생하는 산포로서 기존의 관리 수준으로는 줄이기 힘든 불가피한 산포이다. 이러한 산포의 발생원인을 '우연원인'이라고 하는데, 식별하기 어려울 정도의 원·부자재나 생산설비의 제반 특성 차이, 작업자의 숙련도 차이, 작업표준의 허용범위 내에 있는 작업조건 및 작업환경의 변화 등이 여기에 속한다.

둘째, 평상시와 다른 특별한 이유가 포함된 경우로서 그냥 넘기기에는 문제가 되는 산포이다. 평상시와 다른 이러한 산포의 발생원인을 '이상원인'이라고 한다. 불량 원·부자재의 사용, 생산설비의 이상 또는 고장, 작업자의 부주의, 측정오차 등이 여기에 속하는데, 이러한 산포의 발생원인은 이유를 알 수 있기 때문에 제거할 수 있으므로 '가피원인(可避原因)'이라고도 한다. 이러한 이상원인들은 만성적으로 존재하는 것이 아니라 돌발적(또는 산발적)으로 발생하며 품질의 변동에 크게 영향을 미치므로 우선적으로 제거해야 한다.

관리상태와 이상상태

생산공정이 우연원인의 영향만 받는다면 이러한 공정에서 생산된 제품의 품질은 현재의 상태가 일관되게 유지되므로 앞으로 생산될 제품의 품질도 예측할 수가 있다. 이처럼 품질의 변동이 우연원인에 의해서만 발생할 경우 '관리상태(under control)' 또는 '안정상태'에 있다고 한다. 일반적으로 생산공정은 작업시간의 대부분이 관리된 상태로 가동되고 있다. 그러나 이상원인이 하나라도 발생하면 공정은 관리상태를 이탈한 '이상상태(out of control)'가 되어 불량 발생이 늘어나고 앞으로 생산될 제품의 품질 또한 예측하기 어렵게 된다.

따라서 품질변동의 원인을 파악하고 이상원인에 대해 일선 현장에서 즉시 조치하여 더 이상 재발하지 않도록 함과 아울러 우연원인의 유지·감소를 위해 생산설비 및 작업방법의 개선, 작업자의 교육·훈련, 작업환경의 개선 등을 통한 품질 향상을 지속적으로 추진해야 한다.

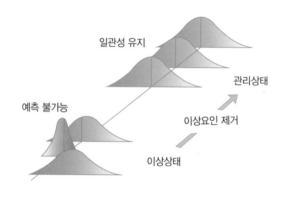

〈그림 17.2〉 관리상태와 이상상태

관리상태에서도 불량이 발생할 수 있다

관리상태라고 하면 '아무런 문제가 없는 좋은 상태'라고 막연히 생각하기 쉬우나 이것은 잘못된 것이다. 관리상태란 간단히 말해 평소의 산포관리 수준이 유지되고 있다는 의미이다. 따라서 평소의 산포관리 수준이 낮아서 품질이 균일하지 못하고 이에 따라 규격을 벗어난 불량이 자주 발생했다면, 평소의 상태가 그대로 유지되는 관리상태하에서 불량이 종전과 같이 계속 발생하게 된다.

'관리상태하에서도 불량이 발생할 수 있다'는 것을 좀 더 잘 이해하기 위해 다음 장의 〈그림 17.3〉을 보자. 여기서 USL은 규격상한(Upper Specification Limit), LSL은 규격하한(Lower Specification Limit), UCL은 관리상한(Upper Control Limit), LCL은 관리하한(Lower Control Limit)를 나타낸다. 한 가지 명심해야 할 사항은 규격한계(USL과 LSL)와 관리한계(UCL과 LCL)를 혼동하지 말아야 한다는 것이다.

규격한계란 양품과 불량품을 구분하기 위한 품질특성치의 경계값을 말한다. 즉, 다시 말해 품질특성의 목표치에서 허용오차를 더하면 규격상한(USL)이 되고 허용오차를 빼면 규격하한(LSL)이 된다. 따라서 품질특성의 측정치가 규격범위인 규격하한(LSL)과 규격상한(USL) 사이에 들어가면 양품으로, 이를 벗어나면 불량품으로 판단하게 된다.

이에 반해 관리한계란 평상시에 생산된 제품 품질특성치의 거의 대부분(99.7%)이 포함되는 한계선을 말한다. 따라서 관리상태가 유지되고 있다는 것은 품질특성치가 여전히 관리범위인 관리하한(LCL)과 관리상한(UCL) 사이에 거의 대부분 들어가고 있다는 말이다. 만약 평상시의 산포 관리 수준이 낮아서 산포가 크면 품질특성치들이 들쑥날쑥하므로 품질특성치의 관리범위의 폭도 넓으며, 이에 따라 규격범위를 벗어난 불량품들이 많이 발생할 수 있다.

이러한 이해를 바탕으로 〈그림 17.3〉을 살펴보자.

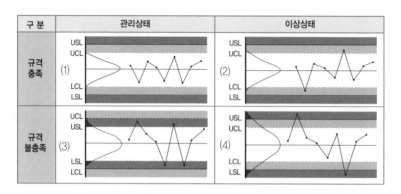

〈그림 17.3〉 공정의 상태에 따른 규격의 충족상태 비교

(1) 관리상태 - 규격 충족

측정한 품질특성치들을 연결한 꺾은선그래프가 모두 관리범위인 LCL 과 UCL 사이에 들어가므로 관리상태라고 판단할 수 있다. 또한 관리범위 가 규격범위인 LSL과 USL 내에 있으므로 불량도 발생하지 않는다. 즉, 관리상태임과 동시에 불량도 발생하지 않는 경우이다.

(2) 이상상태 - 규격 충족

측정한 다수의 품질특성치들이 관리범위를 벗어난 이상상태를 보이고 있으나 관리범위가 규격범위 내에 있기 때문에 규격범위를 벗어난 불량은 발생하고 있지 않다. 따라서 이 경우는 평소의 산포관리 수준이 높기 때문 에 관리상태를 이탈했지만 불량은 발생하지 않는 상황을 나타낸다.

(3) 관리상태 - 규격 불충족

측정한 품질특성치들이 모두 관리범위인 LCL과 UCL 사이에 들어가므로 관리상태가 유지되고 있다고 판단할 수 있다. 그러나 관리범위가 규격범위보다 넓기 때문에 규격범위를 벗어난 불량은 발생하고 있다. 따라서 이 경우는 평소의 수준이 그대로 유지되는 관리상태에 있더라도 평소의 산포관리 실력이 낮기 때문에 평상시와 마찬가지로 불량이 발생하고 있는 상황을 보여준다.

(4) 이상상태-규격 불충족

품질특성치들 중 다수가 관리범위를 벗어난 이상상태를 보이고 있다. 또한 관리범위가 규격범위 내에 있기는 하지만 규격범위도 벗어난 불량이 발생하고 있다. 따라서 이 경우는 평소의 산포관리 수준이 높더라도 프로세스가 심한 이상상태가 되어 불량까지 발생하는 상황을 나타낸다.

관리상태의 개선은 경영진의 책임

돌발적인 문제로 인해 이상상태가 발생하면 이를 신속히 탐지하고 원상복구하여 평소의 관리상태로 되돌리는 것은 현장의 책무이다. 이를 위해 오랫동안 통계적 공정관리에서 사용해 온 기법이 '관리도(control chart)'이다. 그러나 앞서 설명한 바와 같이 관리상태의 유지만으로는 프로세스의 관리가 충분치 못한 경우가 있다.

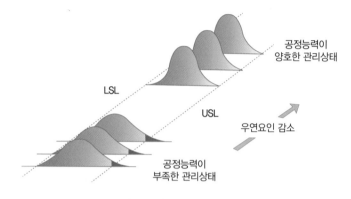

<그림 17.4> 관리상태의 개선

관리상태를 개선하여 산포관리의 수준을 더욱 높이려면 품질의 변동을 초래한 이유를 알기 힘든 '우연요인'의 발생과 영향을 줄여야 한다. 이것은 식스시그마와 같이 전문가 중심의 과학적 접근을 필요로 한다. 사내에 품질 전문가를 양성하고 그들이 제대로 활동할 수 있도록 뒷받침하는 것은 경영진의 책임이다. 따라서 높은 품질은 일선 작업자의 손이 아니라 경영진의 안목과 의지에서 나오는 것이라고 할 수 있다.

18 다구찌 품질공학

> "뿌리 깊은 나무는 바람에 흔들리지 아니하니." 훈민정음으로 쓴 최초의 작품인 용비어천가의 내용 중 가장 잘 알려진 구절이다. 다구찌의 사상을 이에 비유해 설명하면 바람은 '노이즈(noise)'이고 뿌리깊게 심는 것은 '강건설계'이다. 노이즈인 바람을 원천적으로 제거하는 것은 불가능하거나 돈이 많이 들어가므로, 노이즈는 그대로 두고 그 대신 노이즈에 영향을 적게 받도록 뿌리를 깊게 심자는 것이다.

손실함수(loss function)

다구찌 겐이치(田口玄一)는 종래의 방법과는 다른 관점으로 품질을 보고, 품질을 향상시키기 위해 전통적인 접근방법과는 다른 각도로 접근할 것을 주장하였다. 다구찌 방법의 핵심은 두 가지로 볼 수 있는데 그것은 '손실함수'와 '강건설계'이다. 먼저 손실함수에 대해 살펴보자.

손실함수가 무엇인지 이해하기 위해서는 우선 품질에 대한 기존의 개념과 다구찌의 개념이 어떻게 다른지 살펴볼 필요가 있다. 전통적으로 품질은 고객을 만족시키는 바람직한 속성이라고 정의되었다. 그러나 다구찌는 품질을 '손실'이라는 관점에서 바라보고 손실을 줄여야만 더 좋은 품질을 얻을 수 있다고 보았다. 다구찌는 '품질이란 물품이 출하된 다음 사회에 끼치는 손실이며, 다만 기능 그 자체에 따른 손실은 제외된다'고 정의하고 있다. 여기서 손실이란 제품이 완전하지 못함으로써 발생하는 낭비나 비용 또는 잠재적인 손해 등을 모두 포함한다.

다구찌는 이러한 자신의 관점을 설명하기 위해 다음과 같은 예를 들고 있다.

와이셔츠를 깨끗이 입으려면 세탁을 하거나 다림질을 해야 한다. 한 벌의 와이셔츠는 약 80회 정도 세탁하여 입은 후 버려진다고 한다. 현재 세탁을 맡기면 1회에 약 4천 원 정도가 든다. 한 벌의 와이셔츠 세탁비는 32만 원이라는 결과가 나온다. 만약 오염이나 구김을 절반으로 줄여주는 새로운 와이셔츠가 만들어진다면, 그것은 소비자의 세탁비를 16만 원 덜어준다. 이 새로운 와이셔츠의 원가가 만 원 더 높더라도 그것을 2만원 더 비싸게 판다면 메이커는 만 원의 이익을, 소비자는 14만 원의 이익을 누리게 된다. 그뿐 아니라 세탁 횟수가 절반으로 줄어 세탁 후의 더러워진 물이나 세탁 시의 소음도 절반이 된다. 결국 공해를 반감시키고 물이나 세제 등의 자원도 절반만 소요된다.

기존 관점과 다구찌 관점의 차이를 좀 더 구체적으로 살펴보기 위해, 생산한 제품에 대한 양/불량을 판정할 때 발생하는 손실을 생각해 보자. 전통적 기준에 따르면 생산품의 특성치가 규격상한과 규격하한의 사이에 들어가면 양품(합격품), 규격 허용범위를 벗어나면 불량품(불합격품)으로 판정한다.

예를 들어 지름 10센티미터인 포탄을 생산할 때 규격하한이 10−0.02=9.98센티미터, 규격상한이 10+0.02=10.02센티미터라고 한다면 생산된 포탄의 지름이 9.98센티미터와 10.02센티미터 사이에 들어가면 합격, 9.98센티미터보다 작거나 10.02센티미터보다 크면 불합격으로 처리한다.

이러한 전통적 관점으로 볼 때 규격하한과 규격상한 사이에 들어간 양품은 비용(즉, 손실)을 발생시키지 않지만 그 사이를 벗어난 불량품은 폐기비용이나 수리비용과 같은 비용을 발생시키므로 생산자에게 손실이 된다. 따라서 생산자는 어떻게 하든지 규격범위 내에 들어가는 제품을 만드는 것을 목표로 한다. 이것은 마치 축구경기에서 공을 골대 안에만 넣으면 점수로 인정되는 것과 같으므로 '골대(goal post) 모형'이라고도 한다. 〈그림 18.1〉은 손실에 대한 이러한 전통적 관점을 나타낸다.

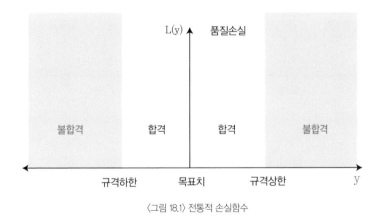

〈그림 18.1〉 전통적 손실함수

그러나 다구찌의 관점으로 볼 때는 생산한 제품이 목표치를 정확하게 충족시키지 않는 이상 그 제품은 손실을 발생시킨다. 전통적 관점에서는 생산한 제품이 불량품으로 판정되지만 않으면 폐기비용이나 수리비용 등을 발생시키지 않으므로 생산자에게 손실이 생기지 않는다. 그러나 품질특성치가 규격범위 내에 있다하더라도 목표치와 일치하지 않으면 고객에게 불편을 야기하는 등의 다른 손실을 수반한다. 예를 들어 고객이 구두를 살 경우, 원하는 치수보다 다소 크거나 작은 것을 신을 수는 있어도 자기가 원하는 정확한 치수를 보다 선호한다. 따라서 생산자는 규격범위 내에 들어가는 것을 목표로 하지 말고 목표치에 정확히 맞추려고 노력해야 한다. 〈그림 18.2〉는 손실에 대한 이러한 다구찌의 관점을 나타낸 것이다.

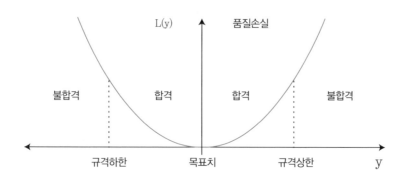

〈그림 18.2〉 다구찌의 손실함수

다구찌는 간단한 수학이론을 이용하여 제품의 특성치가 목표치에서 벗어나면 벗어날수록 〈그림 18.2〉에 나타낸 것과 같이 손실은 대략 2차함수 형태로 증가한다고 주장하였다. 다구찌는 자신이 제안한 손실함수가 전통적 관점에 비해 더 현실적이라는 것을 설명하기 위해 〈그림 18.3〉과 같은 TV의 색상 밀도 분포를 예로 들었다.

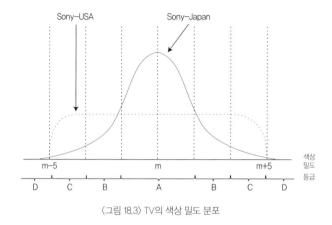

〈그림 18.3〉 TV의 색상 밀도 분포

〈그림 18.3〉에 나타낸 바와 같이 소니의 일본 도쿄공장(Sony-Japan)에서 만들어진 TV는 색상 밀도가 허용오차를 벗어난 D등급도 조금 있었으나 대부분이 목표치에 근접하는 A등급이었다. 그러나 소니의 미국 샌디에이고공장(Sony-USA)의 생산품은 전량 모두 규격범위 내에 들어가기는 하였으나 색상 밀도의 분포가 규격범위 내에 골고루 퍼져 있는 일양(uniform)분포의 형태를 취하고 있었기 때문에 A/B/C등급품의 비율이 거의 비슷하게 나왔다는 것이다.

미국공장에서 생산된 제품은 전량 규격을 충족시키는 양품이지만 실제로 소비자들은 불량품이 조금 나오더라도 생산된 제품의 대부분이 A등급품인 일본공장 제품을 더 선호하였다고 한다. 불량품이 나오지 않는 미국공장 제품보다 불량품이 나오는 일본공장 제품을 더 선호한다는 사실은 전통적 개념으로는 설명할 수 없는 것이다. 이것은 규격범위 내에 들어가기만 하면 손실이 전무하다고 간주하는 전통적 손실함수의 개념보다, 규격범위 내에 있다고 하더라도 목표치와 완전히 일치하지 않으면 손실이 존재한다고 보는 다구찌의 손실함수가 더 큰 효용을 갖고 있음을 보여주는 것이다.

강건설계

강건설계의 개념을 이해하기 위해서는 먼저 '노이즈(noise, 잡음)'의 개념을 알아둘 필요가 있다. 노이즈란 제품을 생산할 때 제품특성에 변동을 초래하는 원인, 즉 변동원인을 말한다. 예를 들면 진동, 소음, 기후, 온도, 습도, 먼지, 작업자의 습관 또는 실수, 기계의 노후화, 공구의 마모 등이 있다. '강건설계(robust design)'는 제품이 노이즈에 둔감하도록, 다시 말해 노이즈에 의한 영향을 받지 않거나 덜 받도록 하는 설계를 말한다.

다구찌의 강건설계를 설명하기 위해 잡음에 대한 기존의 접근방법과 다구찌의 접근방법이 어떻게 다른지 살펴보기로 하자.

기존에는 제품에 변동을 일으키는 노이즈가 존재하면 그 노이즈를 제거하거나 차단하기 위해 생산공정을 재설계하는 것이 보통이었다. 이럴 경우 문제의 원인을 제거한다는 면에서 바람직해 보일 수도 있으나 실제로는 재설계에 의한 고비용이 문제가 된다. 이에 반해 강건설계의 개념은 노이즈는 그대로 두고 노이즈에 의한 영향을 없애거나 줄일 방법을 찾자는 것이다. 다음의 예는 노이즈에 둔감한 강건설계의 개념을 적용할 경우 전통적 접근방법보다 비용이 더 적게 드는 것을 보여준다.

일본에 있는 한 타일회사는 가마 안에서 구워져 생산되는 타일에 치수불량이 많이 생기는 문제로 고민을 하고 있었다. 똑같은 크기의 타일을 가마 속에 넣더라도, 구워져 나온 타일의 크기가 균일하지 않아서 많은 타일을 치수불량으로 폐기해야 했다. 가마 내의 온도분포가 균일하지 않기 때문에 가마 속의 위치에 따라 타일의 변형율이 달라지는 것이 문제라는 것을 알아냈다. 손쉽게 생각할 수 있는 해결책은 가마 내의 온도가 균일하게 되도록 가마 자체를 재설계하는 것이었다. 이 방법은 장기적으로 볼 때 기존방식보다 비용이 덜 들지 모르지만 가마의 재설계 비용이 많이 든다.

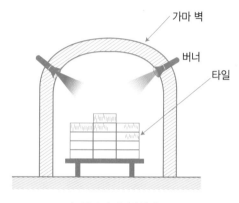

〈그림 18.4〉 가마의 형태

　이 문제의 해결에 나선 품질개선팀은 가마를 재설계하지 않고도 문제를 해결할 방법을 모색하였다. 타일 내의 석회석 성분 비율을 약간 변경하면 온도 차에 의한 영향을 덜 받는다는 것을 알아내었다. 이 방법은 비용이 적게 들면서도 가마를 재설계하는 방법 못지않게 그 효과도 좋았다. 〈그림 18.5〉는 개선 전·후의 타일 치수를 비교한 것이다.

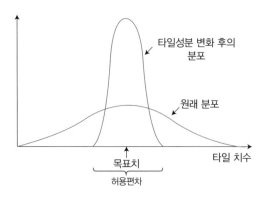

타일성분 변화 후의
분포

원래 분포

목표치

허용편차

타일 치수

〈그림 18.5〉 타일치수의 분포

연간 매출액이 1조 원이 넘는 우리나라의 대표적 중견기업인 휴맥스의 변대규 대표는 국내 경제신문과의 인터뷰에서 디지털 셋톱박스에 대한 자신의 사업경험을 다음과 같이 토로한 적이 있다.

"처음에는 잘 나갔지요. 당시 국내에는 수요가 없어 유럽 시장을 노렸는데 1996년 처음 수출에 성공했죠. 3개월 만에 수출액이 3천만 달러에 달했어요. '대박이다' 싶었는데 이게 웬걸, 다음 해에 절반이 반품돼 들어온 거예요. 1년 내내 고장난 제품 고치러 돌아다니느라 시간 다 보냈어요. 벤처기업의 착각 중 하나가 '자본은 없어도 기술력은 뛰어나다'는 거예요. 우리도 예외가 아니었고, 실상은 기술력도 모자랐던 거지요. 날씨가 조금만 안 좋아도 수신이 안 되니 누군들 좋아하겠어요.

반품이 들어온 제품들을 수리하면서 단점을 보완한 신제품을 개발해 1997년 말에 내놨어요. 그런데 이 제품이 히트를 쳤어요. 아마 몇 달만 늦게 나왔어도 망했을 텐데. 품질이 안정되면서 고객이 갈수록 늘어났지요. 이후 꾸준히 신제품을 내놓으면서 차츰 업계를 선도하는 업체로 부상한 거죠."

그의 경험담은 품질이 사업의 흥망을 좌우한다는 것을 잘 보여준다. "날씨가 조금만 안 좋아도 수신이 안 되니 누군들 좋아하겠어요"라는 그의 말을 상기해보자. 날씨라는 환경 노이즈에 둔감하도록 강건설계를 하지 못했기 때문에 큰 위기를 겪었다는 것이다.

19 품질과 신뢰성

어떤 제품이 고객에게 인도되는 시점에서 요구사항에 부합하면 품질이 좋은 것이고, 이후에도 계속 이러한 상태가 유지되면 신뢰성이 좋은 것이다. 이런 의미에서 '품질은 현재, 신뢰성은 미래'라고 할 수 있다. 비유하자면 품질은 특정시점에서의 스냅 사진인 데 반해 신뢰성은 그 이후 지속적으로 촬영된 동영상이라고 볼 수 있다.

신뢰성과 신뢰도

품질보증 활동을 효과적으로 수행하려면 공정검사나 보증수리 등과 같은 하류단계보다 연구개발단계에서 실시되는 신뢰성 설계나 양산(量産)에 들어가기 전의 검증시험 등과 같은 상류단계의 활동이 훨씬 더 중요하다. 전자산업이나 자동차산업, 항공우주산업의 본격적인 등장에 따라 결함의 사전방지나 제품의 안전성, 내구성 등에 대한 요구가 한층 더 강화되었다. 이러한 변화에 따라 연구개발의 품질이 더욱 중요해지고 있으며, 이러한 변화에 부응하려면 신뢰성 기술의 도입과 활용이 필수적이다.

넓게 보면 신뢰성은 품질의 한 단면이지만 통상적인 의미에서는 차이가 있다. 품질관리에서는 보통 검사시점에 결함이 없으면(즉, 요구사항에 부합하면) 품질이 좋다고 판단한다. 그러나 1개월 후, 1년 후, 보증기간 내내 이러한 상태가 유지될까? 만약 그렇게 계속 유지된다면 신뢰성이 좋다고 이야기한다.

〈표 19.1〉품질과 신뢰성 비교

구 분	품 질	신뢰성
초 점	규격 적합성	향후 발생할 고장
시험방법	규격 적합 여부 판단	고장 발생 때까지 수명시험
평가기준	결함 존재	고장 발생
평가결과	합격/불합격	수명과 고장률

요약하면 신뢰성이란 '시간경과에 따른 품질의 변화'라고 볼 수 있다. 〈표 19.1〉은 품질과 신뢰성의 통상적인 의미를 비교한 것이다.

정성적인 용어인 '신뢰성(reliability)'을 정량적 의미로 사용할 때에는 '신뢰도'라고 번역한다. 신뢰성을 정량적으로 측정하기 위한 척도인 신뢰도는 '제품이 규정된 조건하에서 의도하는 기간 동안 만족스럽게 작동할 확률'로 정의된다.

따라서 신뢰성을 정량적으로 측정하기 위해서는 '규정된 조건', '의도하는 기간', '만족할 만한 작동'이라는 3가지 조건을 먼저 명확히 해야 한다.

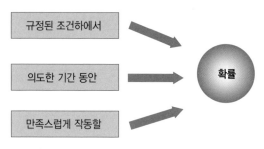

〈그림 19.1〉 신뢰도의 의미

신뢰성 기법

신뢰성 확보에 중요한 기법들을 간단하게 분류하면 다음과 같다.

(1) 기획·설계단계부터 고장의 발생을 방지하기 위한 기법

- FMEA(Failure Mode and Effect Analysis)
- FTA(Fault Tree Analysis)
- 설계심사(DR, Design Review)

(2) 시작(試作)·생산단계 이후에 발생하는 고장을 분석하기 위한 방법

- 고장해석
- 신뢰성 시험

(3) 고장데이터를 활용하기 위한 방법

- 고장데이터의 통계적 분석
- 품질 · 고장정보의 수집시스템

이 중에서 FMEA와 FTA에 대해 간략히 소개하면 다음과 같다.

먼저, FMEA(Failure Mode and Effect Analysis, 고장모드 및 영향도 분석)란 유사한 제품이나 공정상의 과거 경험을 토대로 발생가능한 '고장(Failure)'의 '유형(Mode)'들을 도출하고, 각각의 고장 유형이 제품 사용이나 시스템 운용에 미치는 '영향도(Effect)'를 '분석(Analysis)'하는 기법을 말한다. 이러한 분석의 목적은 시스템 운용에 지장을 많이 주는 고장모드를 찾아내고 이러한 고장의 발생을 방지하거나 그 영향력을 감소시키는 대책을 마련하기 위한 것이다. FMEA의 결과는 지속적 개선을 위한 근거자료로 유용할 뿐 아니라 향후 유사한 제품들의 FMEA 분석을 위한 기초자료가 된다.

각각의 고장 유형이 제품 사용이나 시스템 운용에 미치는 영향도는 고장이 발생했을 때 그것이 초래하는 결과의 심각도(Severity), 그러한 고장이 실제로 발생할 가능성(Occurrence), 그러한 고장 발생의 검출 난이도(Detection)에 의해 결정된다. 다시 말해 고장의 영향이 심각하고, 발생가능성이 상대적으로 높으며, 그러한 고장의 발생을 탐지하기 어려우면 그 영향도가 큰 것이다.

이러한 관점에서 고장으로 인한 위험(Risk)의 방지 또는 감소를 위한 우선순위(Priority)는 다음의 RPN 점수에 의해 결정된다.

• RPN(Risk Priority Number) = 심각도(S) × 발생도(O) × 검출도(D)

통상적으로 심각도, 발생도, 검출도는 각각 10점 척도로 평가하기 때문에 RPN의 최대값은 1,000이 된다.

명칭	기능	서브시스템	콤포넌트	고장모드	추정원인	잠재적 영향	심각도 (S)	발생도 (O)	검출도 (D)	RPN	대책
볼펜	기록을 남긴다	동작부	스프링	끝 부분 녹슨다	가공불량	기능 저하	2	2	4	16	설계 재검토
				탄성을 잃는다	가공불량	기능 저하	2	4	4	32	설계 재검토
			누름버튼	누름단추 파손	피로마모	기능 저하	4	2	10	80	설계 재검토
				걸림장치 파손	피로마모, 가공불량	사용 불능	10	2	10	200	재질·형상 재검토
		지지부	볼펜앞머리	볼펜 앞이 깨진다	손상, 압력 부족	정도에 따라 사용 불능	8	6	10	480	재질 재검토
				몸체가 헛돈다	손상, 마모	정도에 따라 사용 불능	6	2	8	96	재질 재검토
			볼펜대	몸체 파손	손상, 압력	정도에 따라 사용 불능	6	2	10	120	재질 재검토
				몸체 휨	열	사용 불편	4	2	8	64	설계변경 재질 재검토
		볼펜심	볼펜 볼	볼 빠짐	충격에 의한 손상	사용 불능	10	1	10	100	공정표준 재검토
			잉크튜브	잉크가 뒤로 흐름	온도변화	주변 물체 의류 오염	8	3	6	144	설계 재검토
				잉크 불균일	기포 포함	정도에 따라 사용 불능	6	4	8	192	제조공정 재검토
			잉크	볼펜 똥이 많이 나옴	볼 손상	기능 저하	4	8	8	256	공정표준 재검토
				잉크가 너무 많이 나옴	가공불량	기능 저하	4	6	8	192	설계 재검토
				잉크가 너무 적게 나옴	가공불량	기능 저하	4	4	6	96	설계 재검토
				잉크색 변색	재질불량	기능 저하	2	2	6	24	재료 재검토
				힘을 주어야 잘 나옴	가공불량	사용 불편	5	4	8	160	설계 재검토
				잉크 두께 불균일	가공불량	기능 저하	4	2	6	48	설계 재검토

〈표 19.2〉는 FMEA의 개념을 설명하기 위해 보급형 볼펜을 대상으로 가상 적용해 본 예이다. 여기서 심각도(S), 발생도(O), 검출도(D)는 각각 10점 척도로 평가한 것이기는 하지만 주관적으로 그 크기를 부여한 것이다. 따라서 FMEA는 계량적 분석이 아니라 정성적 분석도구라고 볼 수 있다. 이처럼 FMEA가 본질적으로 정성적 분석도구이기 때문에 분석결과에 대해 독립적인 제3자의 의견을 듣고 그것을 반영할 필요가 있다.

FMEA는 1960년대 달 탐사선 아폴로 프로젝트에 처음 사용되었으며, 1970년대 말 자동차산업에서 제품책임 예방대책(PLP)의 하나로 도입되었다. 이후 FMEA는 PLP뿐 아니라 COPQ를 줄이기 위한 목적으로 제품설계와 공정설계에 널리 활용되고 있다.

다음으로 FTA(Fault Tree Analysis, 고장나무분석)는 안전성 분석을 위해 주로 사용되어 왔으나 신뢰성 분석에도 널리 쓰일 수 있는 유용한 기법이다. 이 기법에서는 논리기호를 사용하여 시스템 고장을 유발하는 사상(event)에 대한 인과관계를 나무 가지 모양의 그림으로 나타내고, 이를 토대로 시스템의 고장원인을 규명한다. 또한 각 원인의 발생확률로부터 시스템의 고장확률(불신뢰도)을 계산할 수 있다. FTA는 시스템 고장을 초래하는 데 가장 영향이 큰 원인을 찾아내고 그것을 개선함으로써 신뢰성을 높이고자 하는 기법이다.

〈표 19.3〉 FTA에 사용되는 기호

구분	기호	설명
논리기호	AND 게이트	입력사상이 모두 동시에 공존할 때 출력사상이 발생 (신뢰성 블록도상의 병렬관계)
논리기호	OR 게이트	입력사상 중 어느 하나가 존재할 때 상위사상이 발생 (신뢰성 블록도상의 직렬관계)
사상기호	사상(정상사상, 중간사상)	고장, 결과, 불량 등의 바람직하지 않은 하위사상의 결합사상
사상기호	기본사상	고장원인의 최하위사상
사상기호	비전개사상	분석이 필요하지만 정보의 부족, 기술의 부족 등으로 전개하지 않는 사상

FTA는 〈표 19.3〉에 있는 기호를 사용하여 다음과 같은 절차에 따라 실시한다.

- 분석하고자 하는 정상사상(top event, 시스템 고장)을 선정한다.
- 최상위 고장상태를 일으키는 바로 아래 단계의 고장원인을 찾아내고, 이들의 인과관계를 논리기호를 사용하여 FT도(Fault Tree Diagram)를 전개한다.
- 논리기호를 사용하여 고장과 원인의 인과관계를 더 이상 세분화할 수 없는 수준까지 계속해서 아래로 전개한다.

〈그림 19.2〉는 병원의 정전사고가 어떻게 해서 발생할 수 있는지 FT도로 나타낸 것이다. 맨 위의 정상사상인 '정전사고'가 일어나려면 하위사상인 '전원전류 중단'과 '긴급발전 불가'가 한꺼번에 '같이' 일어나야 한다.

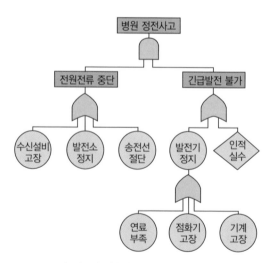

〈그림 19.2〉 병원의 정전사고를 나타낸 FT도

전원전류가 중단되어도 긴급발전이 가능하거나 그 반대로 긴급발전이 불가능하여도 전원전류가 중단되지 않으면 정전사고는 일어나지 않는다. 따라서 전원전류 중단과 긴급발전 불가는 AND 게이트로 연결된다.

중간사상인 '전원전류 중단'은 '수신설비 고장', '발전소 정지', '송전선 절단' 중 어느 하나라도 존재하면 발생하므로 OR 게이트로 연결된다. 마찬가지로 '긴급발전 불가'도 '발전기 정지'와 '인적 실수'라는 하위사상들과 OR 게이트로 연결된다. 여기서 마름모 꼴 모양의 '인적 실수'는 비전개사상인데, 더 이상 하부 전개가 불가능하거나 하부전개가 가능하더라도 지나치게 복잡해질 경우 이를 이용한다.

고장 원인을 찾는 것이 목적이라면 특성요인도와 같은 보다 간단한 기법을 이용할 수 있다. 〈그림 19.2〉에 있는 FT도를 시계방향으로 90도 회전하면 사실상 특성요인도와 같아지는데, 한 가지 차이점은 특성요인도에는 OR 게이트만 있으며 AND 게이트는 없다는 점이다.

20 서비스품질의 관리

품질 분야에서 제품품질과 서비스품질을 따로 다루고 있지만 모든 상품은 제품과 서비스의 결합이다. 제품의 품질은 물리적·화학적 특성에 의해 객관적으로 평가할 수 있지만 서비스품질은 고객의 사전 기대 수준과 사후 인지 수준의 차이에 의해 결정된다. 따라서 서비스품질을 높이려면 이 격차를 줄여야 한다.

서비스경제 시대

미국 경제동향연구재단의 설립자인 제러미 리프킨(Jeremy Rifkin)은 1995년 「노동의 종말」이라는 저서에서 "미래에 닥칠 가장 심각한 문제는 노동의 급속한 해체이다. 컴퓨터와 자동화의 발전으로 인해 현재 생산에 투입되고 있는 노동력의 5%만 있으면 모든 물품이 해결되는 상황이 앞으로 20년 안에 올 것이다"라고 전망하여 큰 충격을 준 바 있다. 그의 주장이 급진적이긴 하지만 자동화·정보화에 따른 일자리의 급격한 감소로 인해 실업률의 증가는 피할 수 없는 추세가 되고 있다.

〈그림 20.1〉을 보면 미국의 경우 20세기 중반까지 농업 종사자의 비율이 줄어드는 만큼 제조업의 일자리가 늘어났으며, 1980년대에 들어서면서 제조업의 고용이 급격하게 줄어드는 반면 서비스업의 고용이 빠르게 증가하고 있는 것을 볼 수 있다. 그러나 불행하게도 제조업에서 일자리를 잃은 사람들의 대부분이 단순 대인서비스 직종에 몰리기 때문에 고용의 질이 악화되고 빈부 격차가 지속적으로 커지고 있다.

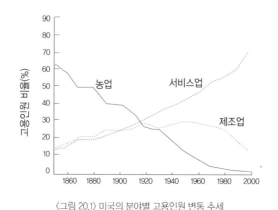

〈그림 20.1〉 미국의 분야별 고용인원 변동 추세

서비스경제의 비중이 급격하게 증가하고 있음에도 불구하고 우리의 인식은 이를 따라가지 못하고 있다. 예를 들어 자동차산업이라 하면 제조업을 연상하지만 〈그림 20.2〉를 보면 자동차와 연관된 산업 중 제조업과 직접 관련된 신차 구매의 경제적 비중은 20% 정도에 불과하다. 중고차 매매, 연료 판매, 자동차 보험, 차량 정비, 자동차 할부 금융서비스 등과 같은 나머지 80%는 모두 서비스업에 속한다.

〈그림 20.2〉 자동차 관련 산업의 경제적 점유율 비교

모든 상품은 제품과 서비스의 결합

서비스경제와 관련된 또 다른 일반적 인식 오류는 제품과 서비스를 별개라고 생각하는 것이다. 그러나 우리가 구매하는 대부분의 상품은 제품과 서비스의 결합체이다. 예를 들어 식당을 생각해 보자. 식당에서 제공하는 제품은 음식이지만 우리가 어떤 식당에 개인적으로 만족하거나 또는 이 식당을 다른 사람들에게 추천하는 데 있어서 음식 자체만을 고려하는 것은 아니다. 음식 이외에도 식당의 위치, 청결도, 음식을 담는 식기, 직원의 친절도, 실내 장식이나 음악을 포함한 전반적인 분위기, 서비스 속도 등을 종합적으로 판단한다. 따라서 우리가 지갑을 열어 구매하는 상품은 제품과 서비스의 결합체이다.

이처럼 하나의 상품 안에 다양한 제품속성과 서비스속성이 들어 있기 때문에 서비스경영에서는 이를 총상품(Total Product)이라고도 한다.

〈그림 20.3〉 제품과 서비스의 결합으로 이루어진 상품

우리가 구매하는 대부분의 상품이 제품과 서비스의 결합체임에도 불구하고 통상적으로 우리는 제품속성과 서비스속성의 비율 중 어떤 속성이 더 많은가에 따라 제품과 서비스로 구분해 왔다. 식료품의 경우 원재료를 처리하여 가공식품으로 만드는 것은 제품속성이지만 이를 판매하는 행위는 서비스이다. 호텔은 대표적인 서비스업으로 분류되지만 호텔의 건물과 시설은 제품속성에 속한다. 지식산업의 꽃인 컨설팅의 경우도 컨설턴트가 사용하는 정보 기기나 문서의 재질이나 양식 등은 제품속성으로 볼 수 있다.

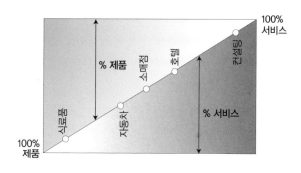

〈그림 20.4〉 제품속성과 서비스속성의 구성 비율

서비스품질의 5가지 차원

서비스에 대한 고객의 만족 정도를 결정하는 5가지 일반적 요인이 있다. 이 요인들을 서비스품질의 5가지 차원이라고 하는데 다음과 같이 요약할 수 있다.

- **신뢰성(Reliability)**
  약속한 서비스를 제대로 수행할 수 있는 능력
- **확신성(Assurance)**
  고객에게 믿음과 신뢰를 줄 수 있는 직원의 지식과 예절 및 능력
- **유형성(Tangibles)**
  시설과 장비의 외관, 직원의 외모, 서류의 외양 등과 같이 눈에 보이는 것
- **공감성(Empathy)**
  고객에 대한 개별적 관심과 배려
- **대응성(Responsiveness)**
  고객을 돕고 신속한 서비스를 제공하려는 마음가짐

이상 5가지 차원들의 영문 머리글자를 따서 서비스품질의 차원을 'RATER'라고 부르기도 한다. 은행을 예로 들어 서비스품질의 차원을 설명하면 〈표 20.1〉과 같다.

차원	평가항목의 예
신뢰성(Reliability)	· 서비스 약속시간의 준수 · 고객의 문제를 해결하려는 자세 · 한번에 완벽한 서비스의 수행
확신성(Assurance)	· 거래 시의 안심감 · 직원들의 친절도 · 직업들의 업무지식
유형성(Tangibles)	· 건물이나 시설의 외관 · 직원들의 친절도 · 직원들의 업무지식
공감성(Empathy)	· 고객 개개인에 대한 관심 · 고객에 편리하게 시간대 조절 · 고객에 대한 직원들의 개별적 관심도
대응성(Responsiveness)	· 정확한 서비스 세공시간의 약속 · 신속한 서비스 · 고객서비스에 대한 자발적 태도

서비스품질의 평가

간단히 말해 서비스품질에 대한 고객의 평가는 서비스를 경험하기 전의 기대 수준과 서비스를 경험하고 난 후의 인지 수준의 비교에 의해 이루어진다. 〈그림 20.5〉에 나타낸 바와 같이 고객의 사전 기대를 뛰어넘으면 고객감동, 사전 기대가 충족되면 고객만족, 충족되지 못하면 고객불만이 초래된다.

고객의 사전 기대 수준은 주위의 평판이나 구전(口傳), 개인적인 필요, 과거의 경험에 의해 결정된다. 또한 서비스에 대한 고객의 사전 기대나 사후 인지 수준은 서비스품질의 5가지 차원의 측면에서 형성된다.

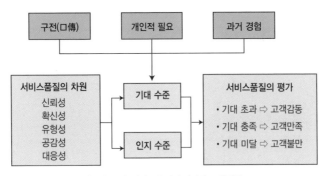

〈그림 20.5〉 서비스품질의 평가와 고객만족

서비스 격차 모형

〈그림 20.5〉에서 설명한 바와 같이 고객의 사전 기대 수준과 사후 인지 수준의 차이에 의해 고객만족의 정도가 결정되므로 이러한 차이가 발생하는 원인을 파악하여 관리할 필요가 있다. 〈그림 20.6〉은 서비스에 대한 고객의 사전 기대 수준과 사후 인지 수준 사이에 발생하는 격차를 설명하는 '서비스 격차 모형(service gap model)'을 단순화시킨 것이다. 이 모형에 있는 각 격차의 의미는 다음과 같다.

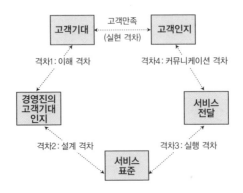

〈그림 20.6〉 서비스품질 격차 모형의 개요

- **격차 1 : 이해 격차**

  고객의 실제 기대와 경영진이 인지한 고객 기대 사이의 불일치를 말한다. 이것은 고객에 대한 경영진의 이해 부족 또는 지식 부족으로 인해 발생하므로 '이해 격차' 또는 '지식 격차'라고 할 수 있다.

- **격차 2 : 설계 격차**

  경영진이 인식한 고객의 기대와 이를 이행하기 위한 지침인 서비스 표준 사이의 불일치를 말한다. 이것은 서비스표준이 제대로 설계되지 못해 발생하는 '설계 격차'라고 할 수 있다.

- **격차 3 : 실행 격차**

  설계된 서비스표준과 고객에게 실제로 전달된 서비스 사이의 불일치를 말한다. 이것은 서비스표준대로 시스템을 운영하지 못해 발생한 격차이므로 '실행 격차' 또는 '운영 격차'라고 볼 수 있다.

- **격차 4 : 커뮤니케이션 격차**

  고객에게 전달한 서비스와 고객이 몸으로 느끼는 서비스 사이의 불일치를 말한다. 이것은 실제로 전달한 만큼 고객이 체감하지 못해 발생하는 '커뮤니케이션 격차'라고 할 수 있다.

이상의 4가지 격차가 누적되어 고객의 사전 기대 수준과 사후 인지 수준 사이의 실현 격차가 생기게 되는데 이 누적 격차를 통상 '격차 5'라고 한다. 이 누적 격차에 의해 고객만족이 결정되므로 이러한 격차를 줄이는 것이 서비스품질 관리의 주요한 과제가 된다.

21 서비스시스템의 설계와 운영

비즈니스 리엔지니어링의 창시자인 마이클 해머(Michael Hammer)는 "리무진 운전사의 미소가 자동차를 대신할 수 없다"고 했다. 이것은 친절과 미소가 서비스라는 잘못된 생각을 지적하는 것이다. 훌륭한 서비스를 제공하려면 친절한 고객 응대가 필수적이기는 하지만 이보다 더 중요한 것은 약속한 서비스를 제대로 수행할 수 있도록 시스템을 설계하는 것이다.

서비스의 유형

우리는 일상적으로 유형의 제품을 생산하는 제조업에 대응하는 개념으로서 무형의 용역을 제공하는 것을 서비스업으로 통칭하지만 조금만 깊이 생각해 보면 수많은 종류의 서비스가 존재하는 것을 알 수 있다. 따라서 서비스의 유형을 분류하는 방법도 여러 가지가 있을 수 있다. 예를 들어 서비스 대상이 사람이냐 물건이냐, 서비스 행위가 유형적이냐 무형적이냐에 따라 서비스를 분류해 보면 〈그림 21.1〉과 같다.

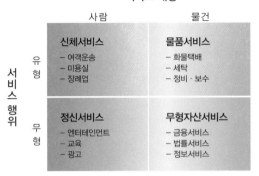

〈그림 21.1〉 서비스의 대상과 서비스 행위에 따른 서비스의 분류

생산시스템의 유형에 따라 설비 배치와 생산관리 방식이 변하듯이 서비스시스템도 특성에 따라 중점 관리항목이 달라진다. 예를 들어 서비스시스템의 경우 노동집약도와 고객화의 정도에 따라 관리의 초점은 다음과 같이 달라진다.

• **노동집약도가 낮은 경우**

상대적으로 높은 시설 투자가 수반되므로 자본투자 의사결정, 기술의 진보에 대한 대처, 비수기 가동률을 높이기 위한 서비스 수율관리 등이 매우 중요하다.

• **노동집약도가 높은 경우**

인적 의존도가 높으므로 종업원의 채용과 훈련 및 동기부여, 직원복지, 근무 일정관리, 지리적으로 산재한 사업장의 관리 등이 중요하다.

• **고객화의 정도가 낮은 경우**

상대적으로 표준화된 서비스를 제공하므로 서비스표준과 운영 절차, 경직

되기 쉬운 수직적 계층조직의 관리, 무미건조한 천편일률적 서비스로 흐르는 것을 방지하기 위한 감성적 보완, 물리적 환경의 관리 등이 중요하다.

- **고객화의 정도가 높은 경우**

고객의 개별적 요구를 충족시켜야 하므로 원가상승 압박에 대한 대처, 서비스품질의 유지, 서비스 인력의 관리와 충성도 확보, 수평조직의 관리 등이 중요하다.

〈그림 21.2〉 슈메너가 분류한 서비스 프로세스 매트릭스

슈메너(Roger Schmenner)는 앞서 설명한 4가지 경우의 조합에 따라 서비스를 〈그림 21.2〉와 같이 분류하였다. 그는 노동집약도와 고객화의 정도가 모두 낮은 경우를 서비스 공장(service factory), 노동집약도는 낮으나 고객화의 정도가 높은 경우를 서비스 가게(service shop), 노동집약도는 높으나 고객화의 정도가 낮은 경우를 대량서비스(mass service), 노동집약도와 고객화의 정도가 모두 높은 경우를 전문서비스(professional service)로 명명하였다.

서비스 실수방지시스템

　서비스품질이 제품품질과 다른 점 중 하나는 생산과 동시에 소비가 이루어지며 이 과정에서 고객의 참여나 고객과의 상호작용이 매우 중요하다는 것이다. 이런 점에서 서비스는 고객과 공동생산(co-production)하는 것이라고 볼 수 있다.

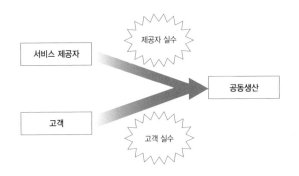

〈그림 21.3〉 서비스시스템의 특징과 서비스 오류

　제조시스템에서 널리 사용되는 실수방지(Fool-Proof 또는 Mistake-Proof)시스템이 서비스시스템에도 적용될 수 있지만 공동생산이라는 관점에서 서비스 제공자의 실수뿐 아니라 서비스를 제공받는 고객의 실수방지까지 고려해야 한다.

서비스 제공자의 실수방지

　서비스 제공자가 범할 수 있는 실수는 다음과 같은 3가지로 나눌 수 있는데 영문 머리글자가 모두 T로 시작하기 때문에 '3T'라고도 한다.

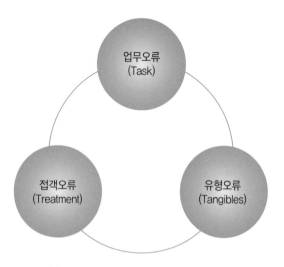

〈그림 21.4〉 서비스 제공자가 범할 수 있는 오류

(1) 업무오류(Task Errors)

업무수행 오류, 요구되지 않은 업무수행, 잘못된 업무수행 순서, 지나치게 느린 업무수행 등과 같이 업무를 제대로 수행하지 못하는 오류를 말한다. 이러한 오류를 방지하기 위한 시스템의 예로는 다음과 같은 것들이 있다.

- 수술 환자의 몸속에서 수술 기구나 사용하고 난 거즈가 제거되지 않는 오류를 방지하기 위한 수술용 기구와 거즈의 계수(計數)관리, 각각의 수술 기구를 반드시 정해진 위치에 두도록 하는 용기
- 맥도날드의 프렌치프라이 주걱(주걱으로 떠서 손잡이의 구멍을 통해 봉지에 담는데 이는 고객에게 제공하는 양이 일정하지 못한 것을 방지하기 위한 시스템이다)
- 응대순서의 실수를 방지하기 위한 은행 창구의 대기 번호표

(2) 접객오류(Treatment Errors)

고객을 못 알아보거나, 고객의 이야기에 귀를 기울이지 않거나, 고객에 대한 부적절한 응대 등과 같이 고객 응대를 제대로 수행하지 못하는 오류를 말한다. 이러한 오류를 방지하기 위한 시스템의 예로는 다음과 같은 것들이 있다.

- 고객이 들어오는 것을 인지하지 못하는 오류를 방지하기 위해 출입문에 설치한 종
- 미국의 한 호텔에서 재방문한 고객을 알아보지 못하는 실수를 방지하기 위해 실시한다고 알려진 흥미로운 사례가 있다. 벨맨(bellman)이 호텔에 도착한 고객의 짐을 들어드리기 위해 인사하면서 이번이 첫 방문인지 묻는다. 만약 고객이 이미 투숙한 적이 있다고 답하면 벨맨은 이를 프런트 데스크에 알리기 위해 은밀히 자신의 귀를 잡아당긴다. 벨맨으로부터 사인을 받은 프런트 데스크에서는 고객이 오면 "다시 또 방문해 주셔서 감사합니다"라고 반갑게 인사를 한다.
- 서양에서는 고객과 눈을 마주치지 않으면 건성으로 대한다고 느끼거나 무언가 속인다고 생각하는 경향이 있다. 어떤 은행에서는 창구 직원이 고객 응대 시 고객과 반드시 눈을 마주치도록 하기 위해 응대를 시작할 때 먼저 고객의 눈동자 색깔을 체크리스트에 표시하도록 하고 있다.
- 상담 직원이 고객과 통화할 때 '웃는 목소리'로 이야기 하는 것을 잊지 않도록 전화기 옆에 거울을 두는 것
- 서비스 직원이 무심코 바지 주머니에 손을 넣고 고객을 응대하면 고

객이 무례하다고 느낄 수 있다. 이를 방지하기 위해 신입 직원들의 바지 주머니를 꿰매는 강력한 통제방법을 사용한 놀이공원이 있었다고 한다.

(3) 유형오류(Tangible Errors)

청결하지 못한 시설, 깨끗하지 못한 복장, 소음·냄새·조명·온도의 조절 실패, 문서의 오탈자 등과 같이 외형적·외부적으로 드러나는 오류를 말한다. 이러한 오류를 방지하기 위한 시스템의 예로는 다음과 같은 것들이 있다.

- 고객을 맞이하기 전에 자신의 용모를 자동적으로 점검할 수 있도록 서비스 직원의 대기석에 거울을 두는 것
- 공공 대합실에서 의자에 드러누운 사람이 있으면 많은 사람들의 눈살을 찌푸리게 하므로 의자 팔걸이를 고정식으로 설치하여 아예 눕지 못하도록 하는 것
- 예전에 호텔에서 많이 사용하던 방법으로 화장실 청소가 완료되거나 새 타월을 비치하면 종이 띠를 둘러서 그렇지 않은 것과 구분하던 것
- 워드프로세서의 맞춤법 점검 기능

고객의 실수방지

고객이 범하는 오류는 서비스의 진행 과정에 따라 다음과 같은 3가지 종류가 있다.

〈그림 21.5〉 고객이 범할 수 있는 오류

(1) 준비오류(Preparation Errors)

고객이 서비스 이용에 필요한 준비물을 지참하지 않거나 요구사항을 숙지하지 못하는 것과 같이 서비스 이용을 위한 사전 준비를 제대로 하지 않는 오류를 말한다. 이러한 오류를 방지하기 위한 시스템의 예로는 다음과 같은 것들이 있다.

- 초청장에 옷차림(dress code)을 명시하는 것
- 병원 건강검진 날짜와 준비사항을 휴대폰 문자 메시지로 사전에 상기시키는 것

(2) 접점오류(Encounter Errors)

부주의·오해·망각 등으로 인해 고객이 서비스 프로세스 절차나 지침을 준수하지 못해서 서비스 이용 중에 발생하는 오류를 말한다. 이러한 오류를 방지하기 위한 시스템의 예로는 다음과 같은 것들이 있다.

- 선착순 서비스를 제공하기 위한 대기 라인용 체인
- 비행기 화장실에서 문을 잠그고 용무를 보도록 잠금장치를 밀어야만 조명등이 밝게 켜지도록 설계한 것(화장실 문을 반드시 잠그도록 하는 또 하나의 이유는 '사용 중'이라는 표시등을 자동적으로 켜기 위한 것이다)
- 놀이공원에는 안전상의 이유로 키가 기준치 이상인 어린이들만 태우는 놀이기구들이 있다. 이 기구의 탑승 대기라인에 어린이의 키가 기준치 이상인지 확인하기 위해 설치한 막대(bar)
- 은행의 현금 자동 입출금기(ATM)나 골프 연습장의 연습공 인출에 사용되는 카드 등을 삽입 방식으로 설계하면 사용 후 카드를 회수하지 않는 실수가 발생할 수 있다. 이러한 실수를 방지하기 위해 전자판독기의 틈새에 카드를 통과시키거나 센서에 갖다대는 접촉 방식으로 재설계한 것
- 자동차에 시동이 걸려 있을 때 안전벨트를 착용하지 않으면 울리는 경보음

(3) 종결오류(Resolution Errors)

서비스 이용이 끝난 후 서비스에 대한 평가나 개선이 필요하다고 느낀

부분이 서비스 제공자에게 피드백되지 않거나 뒷정리가 제대로 되지 않는 오류를 말한다. 이러한 오류를 방지하기 위한 시스템의 예로는 다음과 같은 것들이 있다.

- 호텔에서 퇴실할 고객들에게 보낼 요금명세서에 고객의견카드(comment card)와 작은 선물이용권을 동봉하는 것
- 구내식당에서 식사 후 만족 여부를 표시하는 작은 구슬을 회수 용기에 넣도록 하는 것
- 셀프서비스 식당에서 고객이 뒷정리를 쉽게 할 수 있도록 출구 방향에 트레이 회수대와 쓰레기통을 비치하는 것
- 사용하고 난 물품을 정위치에 되돌리기 위해 보관함에 밑그림을 그려 놓는 형적(形迹)관리

22 고객만족경영

"우리에게 월급을 주는 사람은 고용주가 아니다. 그들은 단지 돈을 다룰 뿐이다. 우리에게 월급을 주는 사람은 고객이다." 고객만족과 관련하여 자주 회자되는 이 표현은 자동차 왕 헨리 포드(Henry Ford)의 말이다. 그가 세기의 사업가로서 기념비적 업적을 남긴 것도 성공의 원천이 고객이라는 것을 누구보다 잘 알았기 때문이다.

왜 고객만족인가

고객만족이 왜 중요한지는 쉽게 설명이 된다. 만족한 고객은 단골고객으로 남을 뿐 아니라 좋은 평판을 퍼뜨려 새로운 고객도 창출한다. 이에 반해 불만족한 고객은 이탈할 뿐 아니라 불만 경험을 퍼뜨려 잠재고객까지 쫓아낸다. 〈그림 22.1〉은 이러한 설명을 도식화한 것이다.

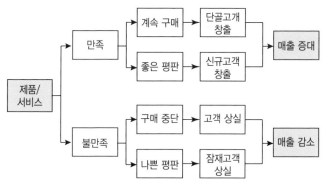

〈그림 22.1〉 고객만족이 매출에 미치는 영향

역피라미드 조직

고객만족경영의 출발은 고객중심적으로 생각하는 것이다. 헨리 포드는 "만약 성공의 비결이 하나라도 있다면 그것은 상대방의 관점에서 사물을 바라볼 수 있는 능력"이라고 한 바 있다. 바로 역지사지(易地思之)의 능력이다.

기업의 일반적인 조직구조를 보면 꼭대기에 최고경영자(CEO)가 있고, 그 밑에 고위 간부인 임원, 그 아래에 중간관리자, 제일 밑에 일선 직원들이 배치되어 있다. 〈그림 22.2〉에 나타낸 이러한 조직은 꼭대기의 정점에서부터 아래로 내려갈수록 수적으로 많아지기 때문에 삼각형의 피라미드 모양을 하고 있다.

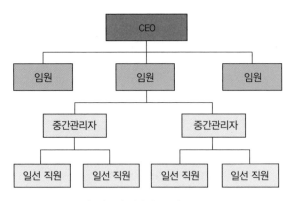

〈그림 22.2〉 피라미드 조직구조

그러나 이러한 조직이 고객을 최고로 모시겠다는 말은 할 수 있지만 조직 구조도를 보면 고객을 발로 밟고 있는 모양새다. 고객을 진정한 왕으로 모시려면 고객을 바닥에 둘 것이 아니라 맨 위로 모셔야 한다. 그렇게 하려면 〈그림 22.3〉과 같이 피라미드 조직구조의 위아래를 뒤집으면 된다.

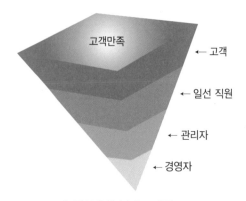

〈그림 22.3〉 역피라미드 조직구조

고객을 최고로 모시려면 고객과 직접 대면하는 일선 직원들이 제대로 일을 할 수 있도록 중간관리자들이 뒷받침해 줘야 한다. 또한 중간관리자들이 이러한 역할을 잘 할 수 있도록 경영진이 후견인 역할을 해야 한다. 이것이 역피라미드 조직의 기본적 발상이다. 이러한 역피라미드 조직구조를 처음으로 도입한 사람은 미국 노드스트롬 백화점의 창업자인 존 노드스트롬(John Nordstrom)이다.

권한위임(empowerment)

조직구조도만 거꾸로 그린다고 무엇이 달라질 수 있을까? 역피라미드 조직구조의 취지를 살리려면 일선 직원들에게 고객만족 활동에 필요한 권한을 위임하여 합리적인 범위 내에서 재량권을 주어야 한다. 특히 고객불만을 현장에서 해결할 수 있는 재량권이 중요하다.

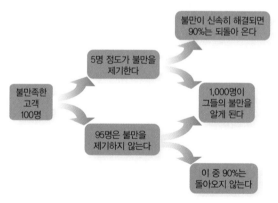

〈그림 22.4〉 불만족한 고객에 주목해야 하는 이유

〈그림 22.4〉에 나타낸 바와 같이 불만족한 고객이라도 불만이 신속히 해결되면 90%는 되돌아온다. 그러나 접수된 고객불만을 상부에 보고하여 처리 지침을 받은 후 행동에 나서면 신속한 해결이 불가능하다. 신속한 불만 처리를 위해서는 현장에서 바로 해결할 수 있도록 일선 직원들에게 재량권을 주어야 한다.

일례로 리츠칼튼 호텔에서는 고객불만을 즉석에서 해결할 수 있도록 직급에 상관없이 모든 직원들에게 2천 달러 한도 내에서 상부의 결재없이 예산을 집행할 수 있도록 재량권을 부여하고 있다. 이를테면 객실서비스에 실수가 있었다면 객실 담당자는 자신의 판단에 따라 고객에게 포도주나 과일 바구니를 선물할 수도 있고 무료 식사권을 제공할 수도 있는 것이다.

역피라미드 조직의 개념을 창안한 노드스트롬 백화점은 미국에서 가장 짧은 직원복무규정을 가진 기업으로 알려져 있다. 그 규정은 다음과 같다.

"제1조: 어떠한 상황에서도 당신의 현명한 판단에 따라 주십시오. 그 외의 다른 규정은 없습니다."

이것의 의미는 직원들에게 고객 응대에 대한 재량권을 전적으로 위임한다는 것이다.

선행형 고객만족

〈그림 22.4〉를 다시 보자. 고객 불만이 신속히 해결되면 대부분이 되돌아오지만 문제는 불만족한 고객 중 95%는 그 불만을 말해주지 않는다는 것이다. 불만이 있는 고객 중 50% 정도는 아무에게도 불만을 말하지 않으며, 45% 정도는 현장에서 일선 직원들에게 불만을 표출하지만 별도로 이의를 제

기하지 않는다. 따라서 공식적으로 접수되는 불만은 전체의 5% 정도에 지나지 않는다. 고객 불만이 드러나지 않고 잠재되는 주된 이유는 다음과 같다.

- 불만을 제기하는 것이 번잡할 뿐 아니라 말다툼하기 싫다.
- 불만을 제기해 봐야 아무런 소용이 없다.
- 불만을 전달할 수 있는 마땅한 방법이 없다.

신속한 불만해결을 위해 아무리 노력한다고 하더라도 이를 말해주지 않는 95%의 고객은 여전히 관리의 사각(死角)지대에 머무르게 된다. 따라서 신속한 불만해결보다 더욱 중요한 것은 고객이 불만을 말해주지 않더라도 잠재된 불만을 찾아내어 미리 해결하는 '선행형' 시스템의 구축이다. '고객이 말해주지 않는 요구와 소망까지도 찾아내어 충족시킨다'라는 리츠칼튼 호텔의 신조(credo)는 이를 잘 반영하고 있다.

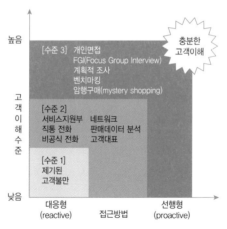

〈그림 22.5〉 고객의 요구를 이해하기 위한 방법

고객만족을 위한 접근방법은 크게 둘로 나눌 수 있다. 하나는 고객이 불만을 제기하면 신속히 해결하겠다는 '대응형(reactive)' 접근이고 다른 하나는 고객이 불만을 토로하기 전에 미리 해결하려는 '선행형(proactive)' 접근이다.

고객상담실이나 민원실의 운영, 고객이 불만을 쉽게 토로할 수 있는 직통 전화의 개설 등은 본질적으로 먼저 불만을 알려주면 해결해 주겠다는 대응형 방법인 데 반해 고객만족경영 전문가가 고객을 가장하여 서비스를 경험하면서 불만을 야기할 수 있는 잠재적 문제를 미리 찾아내는 미스테리 쇼핑(mystery shopping)이나 공식적인 설문조사를 통해 알아내기 어려운 고객의 숨은 욕구를 찾아내기 위해 소집단을 대상으로 자연스러운 분위기에서 심층면접을 진행하는 포커스그룹 인터뷰(FGI, Focus Group Interview)는 대표적인 선행형 방법이다.

MOT 관리

고객만족경영에서 MOT(Moment of Truth)는 통상 '진실의 순간'이라고 번역되나 의미상 이것은 옳지 않다. 이 용어는 원래 투우에서 나온 것으로 '투우사가 투우의 숨통을 끊기 위해 성난 소의 등에 칼을 깊숙이 내리꽂으려는 순간'을 말한다. 이 순간에 실수를 하면 투우사의 생명이 위험하므로 '작은 실수도 용납되지 않는 매우 중요한 순간'이라는 의미를 내포하고 있다. 따라서 '진실의 순간' 보다는 '결정적 순간'이라고 번역하는 것이 좋다.

MOT라는 용어를 경영 분야에 널리 전파한 사람은 스칸디나비아항공

(SAS)의 CEO였던 얀 칼슨(Jan Carlzon)이다. 그는 MOT를 '고객에게 어떤 인상을 심어줄 수 있는 고객과 조직의 접점이나 상호작용'이라고 보았다. 따라서 MOT는 대면 접촉만을 의미하지 않는다. 서비스 직원의 단아한 복장이나 깨끗한 서비스 시설 등도 MOT가 될 수 있다.

고객이 서비스 조직의 어느 일면과 접하는 순간순간 좋은 인상을 계속 받으면 단골고객으로 남게 된다는 것이 얀 칼슨의 생각이었다. 순간마다 좋은 인상을 심어주려면 작은 실수도 허용해서는 안된다. 따라서 중요한 MOT들을 정의하고 이 순간에 실수하지 않도록 서비스표준을 정하여 실천하자는 것이 MOT 관리의 핵심이다.

재일교포인 유봉식 회장이 일본 교토에 설립한 MK택시에서는 다음과 같은 서비스 표준을 개발하여 기사들이 이를 준수하도록 하고 있다.

- "고맙습니다"라는 승차 인사
- "저는 MK택시의 OOO입니다"라는 자기 소개
- "어디까지 가십니까? XXX까지 가시는군요"라는 행선지 확인
- "감사합니다. 잊으신 물건은 없습니까?"라는 하차 인사

이와 같이 중요한 MOT에 대해 서비스표준을 개발하여 서비스 직원 모두가 실천하면 대량서비스의 품질 수준을 일관되게 유지할 수 있다.

23 식스시그마 품질혁신의 통계적 이해

1996년 당시 GE의 잭 웰치(Jack Welch) 회장은 식스시그마를 전사적으로 추진하기로 결심하고 다음과 같이 자신의 포부를 밝혔다. "GE는 오늘날 세계에서 가장 가치가 높은 회사이다. 2000년까지 우리는 훨씬 더 나은 회사가 되고 싶다. 경쟁자들보다 단순히 품질이 더 좋은 것이 아니라 1만 배나 더 나은 기업이 되고 싶다. 이를 성취하기 위해서는 결함률을 매년 84%씩 줄여야 한다." 이것은 완전무결을 향한 담대한 도전이었다.

식스시그마 품질혁신의 역사

식스시그마 품질혁신은 미국의 통신기기 제조업체인 모토로라에서 자사의 품질 수준이 일본 경쟁업체에 비해 현저히 낮은 데에 충격을 받고 획기적인 품질혁신을 추진할 목적으로 시작되었다. 1981년 당시 회장이었던 로버트 갤빈(Robert Galvin)은 조직 내 모든 부문이 5년 내에 10배의 품질 개선을 이룩한다는 야심찬 계획을 수립하였다. 그 후 모토로라는 전사적인 노력과 체계적인 벤치마킹을 통해 당초 불가능하다고 여겨졌던 10배의 품질개선을 이룩하였다.

1987년 1월 모토로라는 '2년 동안에 10배의 품질개선을 이룩한다'는 한층 더 높은 새로운 목표를 발표하여 산업계를 놀라게 하였는데, 식스시그마로 널리 알려진 이 계획의 목표는 다음과 같았다.

- 1989년 초까지 10배의 개선을 이룩한다.
- 1991년 초까지 또 다시 10배의 개선을 이룩한다.
- 1992년 1월 1일까지 자사의 모든 업무에서 식스시그마 수준을 달성한다.

식스시그마를 통해 강력한 품질경쟁력을 확보한 모토로라는 1988년 제1회 말콤 볼드리지 국가품질상을 수상하였다. 모토로라의 성공이 알려지면서 식스시그마는 얼라이드 시그널, 텍사스 인스트루먼트, ABB, GE, 소니, 폴라로이드 등으로 전파되었다. 특히, GE가 강력하게 추진한 식스시그마 혁신전략이 월스트리트의 재무분석가들로부터 인정을 받으면서 확산 속도는 급속히 빨라졌다.

1990년대 초반 삼성, LG, 현대, 포스코 등과 같은 우리나라 주요 기업들도 식스시그마를 전사적인 혁신전략으로 채택하여 10년 이상 강력하게 추진하였다. 시대의 변화에 따라 식스시그마 열풍도 식어가고 있지만 새로운 혁신전략의 이면에는 여전히 식스시그마의 전략적 체계와 접근방법이 큰 몫을 담당하고 있다.

시그마와 시그마 수준

식스시그마에서는 품질 수준을 '시그마'가 아니라 '시그마 수준(sigma level)'으로 나타낸다. 산포가 크면 시그마값이 커지므로 시그마값은 작을수록 좋다. 또한 시그마값이 작을수록 품질 수준이 높으므로 시그마 수준은 클수록 좋다. 따라서 '식스시그마'는 '식스시그마 수준'을 줄여서 부르는 말이라고 볼 수 있다.

시그마 수준의 의미를 설명하기 위해 다음과 같은 예를 생각해 보자. 음료수를 병에 주입하는 3개의 공정 A, B, C에서 한 병에 들어가는 양의 분포 형태를 조사해 보았더니 〈그림 23.1〉과 같이 공정 A의 산포가 가장 작고 공정 C의 산포가 가장 크게 나타났다. 한 병에 200ml를 담는 것이 목표지만 주입량의 산포 때문에 ±12ml의 편차를 허용한다. 그러면 주입량의 목표치는 200ml, 규격하한(LSL)은 188ml, 규격상한(USL)은 212ml가 된다.

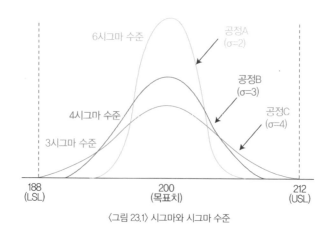

〈그림 23.1〉 시그마와 시그마 수준

시그마 수준은 '공정 중심에서 규격한계까지의 거리가 표준편차(즉, 시그마값)의 몇 배'인지를 나타낸다. 〈그림 23.1〉에서는 공정중심 200에서 규격한계(상한 212 또는 하한 188)까지의 거리가 12이므로, 표준편차가 2인 공정 A의 시그마 수준은 6(=12/2)이 된다. 마찬가지로 공정 B와 C의 시그마 수준은 각각 4(=12/3)와 3(=12/4)이 된다. 이처럼 시그마값이 작아지면 시그마 수준은 높아지고 규격한계를 벗어난 불량품이 나올 확률은 줄어든다.

불량률의 측정단위

(1) PPM(Parts Per Million)

식스시그마에서는 불량률을 표현할 때 보통 'PPM(Parts Per Million)' 이라는 단위를 사용한다. PPM은 수질오염도나 대기오염도 등과 같이 화학이나 환경 분야에서 자주 사용되는 단위로서 백만분율을 나타낸다. 불량품이 평균적으로 제품 100개당 하나의 비율로 발생하면 백분율로는 1% 가 된다. 이것을 백만분율로 나타내면 100만 개당 만 개에 해당하므로 10,000PPM이 된다.

(2) DPMO(Defects Per Million Opportunities)

DPMO라는 이름에 'O(Opportunity, 기회)'가 들어가는 이유를 설명하기 위해 〈그림 23.2〉와 같은 경우를 생각해 보자. 제품 불량률이 100PPM 인 자전거 공장과 1,000PPM인 자동차 공장 중 어느 쪽의 품질관리 능력이 더 우수할까? 자동차 공장의 불량률이 자전거 공장의 불량률보다 10배 가 높다고 자전거 공장의 품질관리 수준이 훨씬 더 높다고 말할 수 있을까? 물론 그렇지 않다. 자동차 제조공정은 자전거 제조공정보다 훨씬 더 많은 부품이 필요하고 공정도 복잡하다.

100PPM   1000PPM

〈그림 23.2〉 품질관리 능력의 비교

이처럼 공정의 난이도나 복잡성을 무시한 채 완성품 불량률만 가지고 품질관리 수준을 판단할 수 없다. 이러한 문제를 보완하기 위해 나온 품질 측정 단위가 DPMO이다. DPMO(Defects Per Million Opportunities)는 '결함이 발생할 가능성이 있는 백만 번의 기회당 실제로 결함이 발생하는 횟수'를 나타낸다.

이를 설명하기 위해 〈그림 23.3〉에 나타낸 바와 같이 철판에 5개의 구 멍을 뚫는 간단한 가공공정을 생각해 가정해 보자. 구멍을 너무 넓게 또는 너무 좁게 뚫어 구멍의 크기가 정해진 규격을 충족시키지 못하면 결함이 된다. 결함이 하나라도 있는 제품은 불량품이 된다.

(● 는 결함을 표시)

〈그림 23.3〉 불량품과 결함

이 예에서는 제품 4개 중 불량품이 2개이므로 제품불량률은 50% 또는 50만 PPM이 된다. 그러나 불량 발생의 기회를 기준으로 보면 다른 결과가 나온다. 제품 하나에는 5개의 불량 발생 기회가 있으므로 제품 4개를 생산하는 데에는 모두 20(=4×5)번의 불량 발생 기회가 존재한다. 〈그림 23.3〉을 보면 첫 번째 제품에 결함이 2개, 네 번째 제품에 결함이 1개 발견되었다. 따라서 20번의 불량 발생 기회당 3번의 결함이 발생하였으므로 결함 발생 기회 한 번당 결함률은 0.15(=3/20)가 된다. 이것은 100만 번의 기회당 15만 번의 결함이 발생하는 것과 같은 비율이므로 15만 DPMO에 해당한다.

시그마 수준과 불량률의 관계

많은 사람들이 시그마와 시그마 수준을 혼동하는데, 이미 설명한 바와 같이 이 둘은 같은 것이 아니다. 시그마값(즉, 산포의 크기)은 작을수록 좋고 시그마 수준(즉, 산포관리 능력)은 높을수록 좋다. '식스시그마'란 '시그마 수준의 값이 6'이라는 뜻이다. 그러면 식스시그마 수준이란 도대체 어느 정도의 품질 수준을 말하는 것일까?

앞서 설명한 음료수 주입공정을 가지고 설명해 보자. 만약 한 병에 주입되는 양의 분포가 〈그림 23.4〉와 같다면 이 공정의 시그마 수준은 얼마일까? 공정평균에서 규격한계까지의 거리가 표준편차(시그마)의 3배이므로 3시그마 수준이 된다. 이 경우 주입량이 규격 하한과 상한을 벗어날 확률은 각각 1,350PPM이다. 따라서 규격한계를 벗어나는 용량 불량의 발생 확률은 2,700PPM이 된다. 다시 말해 음료수 용량이 허용범위를 벗어나는 경우는 100만 병당 2,700병 정도가 된다.

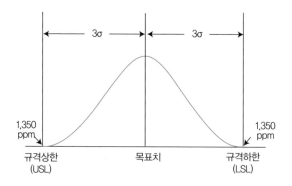

〈그림 23.4〉 공정평균이 목표치와 일치하는 경우

　그런데 다음 장의 〈그림 23.5〉에 나타낸 바와 같이 공정평균값이 목표치와 일치하지 않으면 어떻게 될까? 공정평균값과 목표값이 일치하도록 기계의 상태를 조정해 두었다 하더라도 오랜 시간이 지나면 이 상태를 유지하기 어렵다. 예를 들어 음료수의 끈적끈적한 점성 때문에 음료수 주입관에 달라붙으면서 관을 통과하는 음료수의 양이 줄어든다든지 아니면 주입 밸브가 헐거워지면서 주입량이 늘어난다든지 하는 일이 발생할 수 있다.

　식스시그마를 처음으로 고안한 모토로라는 대략 공정평균이 목표치에서 표준편차(시그마)의 1.5배 정도가 이동하는 것을 경험하였다. 이 때문에 식스시그마에서는 공정평균이 목표치에서 1.5시그마 벗어난다고 가정하고 불량률을 계산한다. 〈그림 23.4〉에서는 규격을 벗어날 확률이 2,700PPM이었으나 〈그림 23.5〉에서와 같이 공정평균이 목표치에서 1.5시그마 이탈한다면 불량률은 66,807PPM으로 대폭 증가한다.

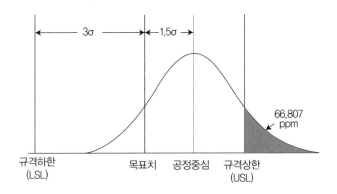

〈그림 23.5〉 공정평균이 목표치에서 1.5시그마 이탈한 경우

〈표 23.1〉은 공정평균이 목표치에서 1.5시그마 이동한다는 가정하에 시그마 수준별 결함률을 DPMO 단위로 정리한 것이다.

〈표 23.1〉 시그마 수준별 결함률

시그마 수준	결함률	시그마 수준	결함률	시그마 수준	결함률
0.0	933,193	2.0	308,537	4.0	6,210
0.2	903,199	2.2	242,071	4.2	3,467
0.4	864,334	2.4	184,108	4.4	1,866
0.6	815,940	2.6	135,687	4.6	968
0.8	758,036	2.8	96,809	4.8	483
1.0	691,462	3.0	66,807	5.0	233
1.2	621,378	3.2	44,566	5.2	108
1.4	541,693	3.4	28,717	5.4	48
1.6	461,139	3.6	17,865	5.6	21
1.8	382,572	3.8	10,724	5.8	8.6
2.0	308,537	4.0	6,210	6.0	3.4

〈표 23.1〉의 오른쪽 맨 아래 나와 있는 값처럼 6시그마 수준에서는 불량률이 3.4PPM이므로 100만 개의 제품 중 불량품이 3개 내지 4개 정도밖에 나오지 않는다고 많은 사람들이 이야기하는데 이것은 잘못된 것이다. 휴대폰 공장이나 자동차 공장에서 제품 100만 개당 불량품이 3.4개라 한다면 제품 30만 개당 불량품이 하나 밖에 나오지 않는다는 이야기이다. 이것이 현실적으로 가능한 이야기일까?

보통 식스시그마 수준은 불량률 3.4PPM이라고 이야기하지만 정확하게 표현하면 3.4PPM이 아니라 3.4DPMO이다. 따라서 식스시그마 수준에 도달했다고 하더라도 자동차 제조공정과 같이 부품이 많이 들어가고 많은 단계를 거치면 불량 발생의 기회도 많아지기 때문에 최종 제품의 불량률은 훨씬 더 늘어나게 된다. 그렇다고 해서 식스시그마 품질 수준의 달성이 결코 만만한 것은 아니다.

24 식스시그마 품질혁신의 전략적 이해

하니웰(Honeywell)의 데이비드 코트(David Cote) 회장은 "비록 식스시그마에서 많은 기술적 도구들이 사용되고 있지만 그것은 기술적 프로그램이라기보다는 리더십과 변화관리 프로그램으로 볼 수 있다"고 말한다. GE의 잭 웰치(Jack Welch) 전임 회장도 "식스시그마는 GE의 유전자를 바꾸었다"고 말한 바 있다. 이것은 식스시그마의 전략적 의미를 잘 함축하고 있다.

전략적 프로젝트의 수행

혁신을 의미하는 영어 단어로는 보통 이노베이션(innovation)이 사용되지만 식스시그마에서는 브레이크스루(breakthrough)라는 단어를 쓴다. 브레이크(break)는 '깨뜨린다'는 말이고 스루(through)란 '뚫고 나아간다'는 뜻이다. 따라서 브레이크스루란 현재의 한계를 넘어 한 차원 더 높은 수준으로 나아가는 것을 의미한다.

어떻게 하면 한 차원 더 높은 수준으로 뚫고 나아갈 수 있을까? 흔히들 '생각을 바꾸어야 한다', '창조적 파괴가 필요하다'고 한다. 그럴 듯하게 들리지만 그것만으로는 무엇을 어떻게 하라는 것인지 도무지 알 수가 없다. 일찍이 주란 박사는 이 문제에 대해 다음과 같이 명쾌하게 대답한 바 있다.

"모든 개선은 프로젝트의 수행을 통해 일어나는 것이지 그 외에 다른 방도는 없다."

혁신이란 열정이나 구호만으로 되는 것이 아니다. 지금보다 더 잘하기 위한 프로젝트의 수행이 없으면 아무 것도 달라지지 않는다는 것이다.

제2차 세계대전에서 패한 일본은 데밍 박사와 주란 박사로부터 배운 것을 토대로 일본식 품질관리인 전사적 품질관리를 발전시켰다. 전원 참가를 위해 일본인들이 생각해 낸 방법은 품질관리 분임조와 제안제도였다.

분임조 활동과 제안제도가 개선활동에 모두를 동참시키기 위한 좋은 방법이기는 하지만 이것들은 대체로 자기 주변에서 일어나는 비교적 작은 일의 개선에 치중한다는 한계가 있다. '관심이 가는 많은 문제(interesting many)'에 조직의 역량을 분산시킬 것이 아니라 '전략적으로 중요한 소수의 과제(vital few)'에 초점을 맞추어야 파괴력이 크다. 그러기 위해서는 전략적으로 중요한 과제를 도출하고 이를 실행에 옮겨야 한다.

주란 박사는 혁신활동을 하겠다고 요란한 구호를 외치고 벽에 붙일 것이 아니라 실질적으로 한 번에 하나씩이라도 전략적으로 중요한 프로젝트를 실행해야 한다는 뜻에서 '프로젝트 접근방법(project by project approach)'을 주장하였다. 그의 생각에 따르면 다음과 같은 3가지 질문을 해보면 어떤 조직이 혁신활동을 하고 있느냐 아니냐를 알 수 있다는 것이다.

- 현재 수행하고 있는 전략적 프로젝트는 무엇인가?
- 현재의 프로젝트를 수행하기 전에는 어떤 프로젝트를 수행하였는가?
- 현재의 프로젝트를 수행하고 나면 어떤 프로젝트를 수행할 것인가?

이 질문에 곧바로 대답할 수 있다는 것은 혁신을 위해 어떤 일을 해야 하는지 많은 생각을 했다는 증거이며, 또한 그 일을 차근차근 실행에 옮기고 있다는 것이다.

그러나 오늘날과 같이 경쟁자들이 모두 다 잘하려고 노력하는 환경하에서는 '한 번에 하나씩(step by step)' 프로젝트를 수행하여서는 변화의 속도가 늦어서 안 된다. 우주선이 대기권을 뚫고 우주로 나아가려면 1초에 9.8m씩 뒤로 끌어당기는 중력을 이길 수 있는 엄청난 가속도를 필요로 한다. 경영혁신도 마찬가지이다. 혁신의 속도를 높이면 조직 내의 저항도 따라서 커진다. 조직 내의 저항을 뚫고 혁신을 성취하려면 변화에 대한 저항과 회의를 가급적 빠른 시간 내에 불식시켜야 한다. 그러려면 변화의 속도가 필요하다. 식스시그마는 간단히 말해 조직 내의 각 부문에서 전략적으로 중요한 혁신 프로젝트들을 도출하고 이를 동시다발적으로 실행하여 변화의 속도를 높이자는 것이다. 이러한 노력을 성공으로 이끌기 위해 식스시그마는 프로젝트의 도출방법, 프로젝트를 수행할 인재의 양성과 활용, 프로젝트의 수행방법과 이 모든 것들이 제대로 돌아가기 위한 지원시스템 등에 대한 명확한 청사진을 제시하고 있다. 이러한 혁신의 청사진을 '식스시그마 혁신전략'이라고 한다.

인재양성을 위한 벨트제도

전략적 프로젝트가 도출되고 나면 누가 이 프로젝트를 수행해야 할 것인지를 결정해야 한다. 아무리 좋은 프로젝트를 도출하였더라도 그것을 성공적으로 수행하지 못하면 아무런 소용이 없을뿐더러 변화와 혁신에 대한 저항과 부정을 키운다. 그런데 일반적으로 기업은 우수한 인재들을 뽑아 현업에 활용하는 일에만 급급하여 이들을 개선의 전문가로 육성하는 데에는 소홀했다. 이러한 상황을 그대로 방치한 채 프로젝트를 수행하면 성공하기 어렵기 때문에 식스시그마에서는 개선의 전문가를 양성하고 이들을 활용하기 위한 자격제도를 운용하고 있다.

이 제도는 무술에서 어떻게 수련생들을 훈련시키고 그들의 실력을 공인해 주는가에서 아이디어를 얻은 것이다. 태권도에서 수련생이나 선수들의 공인받은 실력을 허리띠(belt)의 색깔로 구분하듯이 식스시그마에서도 다음과 같은 벨트제도를 활용하고 있다.

(1) 블랙벨트(BB, Black Belt)

실무적으로 개별 프로젝트를 책임지고 이끌어 가는 개선의 유단자(즉, 혁신활동의 전문가)를 지칭한다. 원칙적으로 이들은 일상적 업무에서 벗어나 전업(full-time)으로 식스시그마 프로젝트의 수행만 담당한다.

(2) 그린벨트(GB, Green Belt)

자신의 본래 업무를 수행하면서 식스시그마 프로젝트 팀의 일원이 되어 블랙벨트의 활동을 돕거나 자기 업무와 직접 관련이 있는 소규모의 프로젝트를 책임지고 수행한다.

(3) 마스터 블랙벨트(MBB, Master Black Belt)

프로젝트가 진행되는 전 영역에 걸쳐 챔피언과 블랙벨트 및 개선 팀원들에게 지도·조언·자문하는 역할을 담당하는 사람들로서 통계적인 전문지식뿐만 아니라 사람을 다루는 기술까지 갖추어야 한다.

(4) 챔피언(Champion)

식스시그마 활동을 총괄하는 경영진으로서 전략적으로 중요한 프로젝트를 발굴하고, 이를 책임지고 추진할 블랙벨트를 선정하고, 프로젝트의 추진이 잘 진행될 수 있도록 장애요인을 제거하고 필요한 자원을 지원해 주는 든든한 후원자 역할을 한다.

(5) FEA(Financial Effect Analyst)

식스시그마를 추진한 팀이나 이들을 지도한 마스터 블랙벨트(MBB), 또는 이들을 후원한 챔피언은 CEO에게 프로젝트의 성과를 실제 이상으로 부풀려서 보고할 가능성이 있다. 이를 방지하기 위해서는 프로젝트의 추진에 직·간접적으로 관계되지 않은 제3자가 객관적으로 성과를 검증할 필요가 있다. 이러한 역할을 전문적으로 수행하는 사람을 말한다.

한 가지 유념할 것은 통상 고위간부가 맡는 챔피언을 제외하고 난 마스터 블랙벨트(MBB), 블랙벨트(BB), 그린벨트(GB)와 같은 벨트의 자격은 직위와는 상관없이 그들이 맡는 역할에 의해 결정된다는 점이다. 다시 말해, 블랙벨트(BB)가 그린벨트(GB)보다 상위 직급인 것은 아니며, 마스터 블랙벨트(MBB)가 블랙벨트(BB)의 상사인 것도 아니다.

과제해결의 길잡이 로드맵

무협지에서와 같이 무술을 비방(秘方)으로 숨기지 않고, 무술도장과 같은 공개된 장소에서 수련생을 지도하고 유단자를 양성하려면 교본에 따라 정석을 가르쳐야 한다. 이와 마찬가지로 식스시그마에서도 BB나 GB의 양성교육을 실시할 때 사용하는 표준적인 문제해결 방법론이 있다. 이 표준적인 문제해결 절차를 보통 '식스시그마 로드맵'이라고 한다.

로드맵(roadmap)이란 단어를 직역하면 도로지도이다. 지도를 보고 찾아가면 시행착오를 적게 거치고도 목적지에 도착할 수 있듯이 식스시그마 프로젝트도 표준적인 문제해결 절차에 따라 추진하는 것이 효과적이다. 이 절차가 정의(Define), 측정(Measure), 분석(Analyze), 개선(Improve), 관리(Control)의 다섯 단계로 구성되어 있기 때문에 이들의 영문 머리글자를 따서 'DMAIC 로드맵'이라고 한다. DMAIC 로드맵의 각 단계를 요약하면 다음과 같다.

- 정의(Define)

  핵심적 품질특성(CTQ)을 파악하고 개선 프로젝트를 선정한다.
- 측정(Measure)

  측정방법을 확인하고, 현재의 CTQ 충족 정도를 측정한다.
- 분석(Analyze)

  CTQ와 그에 영향을 미치는 요인의 인과관계를 파악한다.
- 개선(Improve)

  CTQ의 충족 정도를 높이기 위한 방법과 조건을 찾는다.
- 관리(Control)

  개선된 상태가 유지될 수 있도록 관리한다.

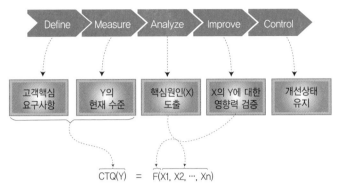

〈그림 24.1〉 DMAIC 로드맵의 기본개념

혁신성과의 공유와 확산

　스트라디바리우스(Stradivarius)는 바이올린의 명품이다. 17세기에 안 토니오 스트라디바리(Antonio Stradivari)라는 사람이 만든 이 바이올린 은 현재 약 100개 정도 남아있는데 그중에서 50개 정도는 현재까지도 온 전한 상태로 남아있다. 현재 스트라디바리우스 바이올린 한 대의 가격은 20억 원을 호가한다.

　300년 전에 만든 바이올린 한 대의 가격이 이렇게 비싼 이유는 무엇일 까? 희소성 때문일까? 골동품이 아닌 이상 그것이 주된 이유는 아닐 것이 다. 악기이기 때문에 아름다운 음색과 풍부한 음량이 무엇보다 중요하다. 그런데 달나라는 물론 화성과 목성까지 탐사선을 보내는 세상에 악기는 왜 300년 전만큼 만들지 못하는 것일까? 이유는 하나다. 비법이 전수되지 않 았기 때문이다.

　스트라디바리는 바이올린 제작자로서 일찍이 명성을 얻었기 때문에 40 세가 되기 전에 이미 큰 부자가 되었다. 그는 94세까지 바이올린을 만들었지만 그 비법을 아무에게도, 심지어는 그의 아들에게조차도 알려주지 않았다. 그가 죽은 뒤 스트라디바리우스 바이올린의 비밀을 캐는 연구가 지속되고 있지만 아직 그 은은한 소리를 재현하지 못하고 있다.

이 이야기는 다른 세상의 이야기가 아니다. 귀한 지식, 특히 돈이 되는 지식은 부자간에도 부부간에도 숨기는 일이 적지 않다. 오늘날 기업에서도 이와 유사한 일들이 일어나고 있다. 겉으로 보기에는 비록 범부(凡夫)요, 장삼이사(張三李四)일지라도 각양각색의 재능을 가진 사람들이 모인 곳이 기업이다. 그런데 이들이 가지고 있는 재능과 지식은 귀한 것일수록 드러나지 않는다. 이런 사람들의 지식을 한 곳에 모아 공유하고 함께 활용해보자는 것이 지식경영이다.

그런데 기업의 중요한 전략적 과제들을 유능한 사람들에게 맡겨 얻은 지식은 마땅히 공유되어야 하지 않을까? 식스시그마 프로젝트의 수행이 프로젝트 자체의 성과로 끝나서는 안된다. 식스시그마의 성과를 공유하려면 식스시그마에 대한 기본적 이해가 필요하다. 식스시그마 프로젝트의 수행에 참여하지 않았다고 해서 'CTQ', '시그마 수준', 'DPMO', '핵심 원인인자(Vital Few X)', 'DMAIC 로드맵' 등과 같은 간단한 용어조차 이해하지 못한다면 지식이 공유될 수 없다.

GE나 삼성 등과 같이 전사적인 경영혁신의 수단으로 식스시그마를 도입한 기업들이 그린벨트 자격을 따지 못한 사람들에게는 승진의 기회를 주지 않았던 이유가 바로 여기에 있다.

식스시그마의 전략적 의미를 요약해 보자. 기업의 운명을 좌우할 중요한 과제들을 도출하고, 유능한 인재들을 잘 훈련시켜서, 도출된 중요한 과제를 해결하기 위한 프로젝트의 성공적 수행을 체험하도록 한다면 이들이

야말로 장차 기업을 이끌고 갈 검증된 인재라는 것이다.

GE는 식스시그마를 도입한 지 3년 만에 20억 달러 이상의 재무성과를 내었음에도 불구하고 잭 웰치 당시 회장은 식스시그마에 다음과 같이 자평하였다.

"식스시그마는 우리가 만들어 낸 것이 아니다. 다른 기업으로부터 배운 것이다. 식스시그마를 꾸준히 추진한 결과 수치상으로 만족한 성과를 내고 많은 성공사례들을 얻었지만 그것이 자랑거리가 아니다. 이러한 성과를 만들어 낸 27만 6천 명의 인재가 생겨났다는 것이 우리 이야기의 핵심이자 자랑거리이다."

25 경영품질의 시대

일본에서 가장 존경받는 기업가인 이나모리 가즈오(稻盛和夫) 교세라그룹 명예회장은 탐욕으로 인해 병든 자본주의(資本主義)를 극복하기 위해서는 거래처, 종업원, 고객 모두가 다 잘 되어야 한다는 자비의 정신이 살아 움직이는 자본주의(慈本主義)가 필요하다고 강조한다. 자연의 세계를 움직이는 법칙은 약육강식이 아니라 적자생존이듯이 기업도 자신뿐 아니라 상대방도 잘되어야 한다는 이타(利他)의 이념이 있어야 오래간다는 것이다.

고객만족에서 이해관계자 만족으로

슈하트에 의해 시작된 통계적 품질관리(SQC)의 초점은 산포를 줄이는 것이었다. 20세기 들어 도입된 대량생산시스템의 안정적 관리를 위해서는 산포 통제가 무엇보다 중요하였다. 또한 산포를 줄이지 않으면 부품의 호환성도 확보할 수 없었다. 관리도는 산포를 통제하기 위해 나온 기법이며, 공정능력지수와 식스시그마의 시그마 수준은 산포관리 능력을 평가하는 척도이다.

통계적 품질관리의 도입을 통해 산포관리의 수준이 높아짐에 따라 품질관리의 시야가 내부 공정관리에서 외부 고객만족으로 확장된다. 산포관리를 통해 규격에 부합하는 제품을 만든다고 고객만족이 보장되지는 않는다. 그것은 고객만족을 위한 필요조건일 뿐이다.

이러한 깨달음에 따라 산포관리에 초점을 맞춘 품질관리(QC)가 고객만족을 목표로 조직 구성원 모두가 동참하는 전사적 품질경영(QM)으로 발전하게 된다.

한 때의 영화(榮華)가 아니라 기업의 영속적 생존과 번영을 위해서는 '지속가능한 성장'이 요구된다. 지속가능한 성장을 위해서는 외부 고객뿐 아니라 내부 직원과 투자자, 협력업체 등과 같이 기업의 성쇠에 직접 영향을 받는 이해관계자(stakeholder) 모두의 만족이 필요하다. 따라서 '경영품질'이란 결국 '이해관계자의 균형된 만족과 성장'이라고 볼 수 있다.

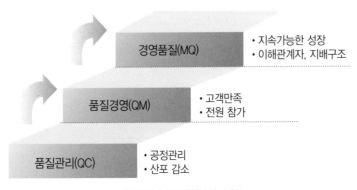

〈그림 25.1〉 품질경영의 발전과정

기업의 사회적 책임(CSR)

이해관계자 만족의 개념은 기업의 사회적 책임(CSR, Corporate Social Responsibility)에 대한 인식의 진화와 밀접한 관련이 있다. 전통적으로 기업의 역할은 고객이 필요로 하는 상품과 서비스를 제공함으로써 부(富)와 일자리를 창출하는 것이라고 여겨져 왔다. 그러나 기업의 사회적 영향력이 커짐에 따라 기업의 역할이 경제적인 영역에서 사회적인 영역으로 확장됨에 따라 CSR이 대두되었다.

미국 조지아대학교의 캐롤(Archie Carroll) 교수는 CSR이 양식있는 기업가들에게 수용되기 위해서는 기업의 사회적 책임 전체를 아우르는 체계가 있어야 한다고 생각하고 〈그림 25.2〉와 같은 CSR 피라미드를 제안하였다. 이 피라미드를 구성하는 기업의 책임은 다음과 같다.

- **경제적 책임 : 수익성**
  다른 모든 것들을 뒷받침하는 토대
- **법적 책임 : 준법성**
  법은 옳고 그름에 대한 사회적 기준을 성문화한 것으로, 게임의 규칙에 따라 운영
- **윤리적 책임 : 윤리성**
  도덕적으로 올바른 것, 정당한 것, 공정한 것을 이행하고 유해한 것의 발생을 방지
- **자선적 책임 : 선량한 기업시민**
  지역사회 및 공동체에 자원으로 기여, 삶의 질 개선

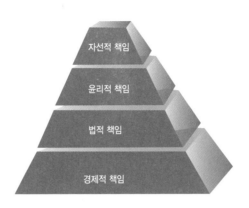

〈그림 25.2〉 CSR 피라미드

유엔 글로벌컴팩트(UNGC)

유엔 글로벌컴팩트(UNGC, UN Global Compact)는 산업계가 자발적으로 인권, 노동, 환경 및 반(反)부패 영역에서 추구해야 할 주요 원칙에 맞도록 사업을 운영하고 이를 확산시키기 위한 참여의 장(場)을 제공하고 있다.

1999년 1월 스위스 다보스에서 열린 세계경제포럼(WEF)에서 당시 코피 아난(Kofi Annan) 유엔 사무총장이 글로벌컴팩트의 제정과 동참을 호소하면서 태동되었으며, 다음 해인 2000년 7월 뉴욕 맨해튼에 있는 유엔본부에서 공식 출범하였다.

UNGC는 기업들에게 그들의 영향력이 미치는 범위 내에서 인권, 노동, 환경 및 반부패의 네 가지 영역에서 다음과 같은 10대 원칙을 받아들이고, 지지하며, 이행할 것을 요청하고 있다.

• 인권

원칙 1 : 국제적으로 선언된 인권 보호를 지지하고 존중한다.

원칙 2 : 인권 침해에 연루되지 않도록 적극 노력한다.

• 노동기준

원칙 3 : 결사의 자유와 단체교섭권의 실질적 인정을 지지한다.

원칙 4 : 모든 형태의 강제노동을 배제한다.

원칙 5 : 아동 노동을 효과적으로 철폐한다.

원칙 6 : 고용 및 업무에서 차별을 없앤다.

• 환경

원칙 7 : 환경문제에 대한 예방적 접근을 지지한다.

원칙 8 : 환경적 책임을 증진하는 조치를 수행한다.

원칙 9 : 환경친화적 기술의 개발과 확산을 촉진한다.

• 반부패

원칙 10 : 부당취득 및 뇌물 등을 포함하여 모든 형태의 부패에 반대한다.

UNGC에 가입하면 2년 후부터는 이행보고서(COP, Communication of Progress)를 매년 제출해야 한다. 한 가지 유념할 것은 UNGC는 법적 규제나 인증이 아니며 자발적으로 동참하고 상호 교류하기 위한 활동 네트워크이다. 2013년 4월 통계에 의하면 130여 개국의 1만여 개 기업들이 동참하고 있는데 이것은 전 세계적으로 기업의 가장 큰 자발적 참여활동이다.

이해관계자 만족의 성과

「사랑받는 기업」을 출간한 미국 벤틀리대학의 시소디어(Rajendra Sisodia) 교수 등은 자본주의에 역사적인 사회적 변화가 일어나고 있다고 주장한다. 기업의 목적을 주주(shareholder) 가치의 창출보다 더 높은 차원에 두고 있는 기업들이 늘어나고 있다는 것이다. 이러한 기업들은 주요 이해관계자들에게 사랑받기 위하여 말로만 아니라 행동으로 노력하기 때문에 '사랑받는 기업'이라고 명명하였다. 시소디어 교수 등은 현대 기업의 5대 주요 이해관계자들을 다음과 같이 정의하였다.

- **사회(Society)**

  정부와 지역 및 광역 공동체, 기타 사회적 기관, 특히 비정부 기구(NGO)
- **협력업체(Partners)**

  공급사와 같은 상류 협력업체, 수평적 협력업체, 판매사와 같은 하류 협력업체
- **투자자(Investors)**

  개인 및 기관 투자자, 대출 금융기관
- **고객(Customers)**

  개인 및 단체 고객 : 현재, 미래, 과거의 고객
- **종업원(Employees)**

  현재, 미래, 과거의 직원 및 그들의 가족

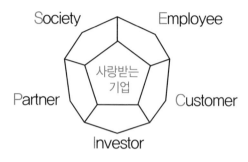

<그림 25.3> 기업의 5대 이해관계자

5대 이해관계자들의 영문 머리글자를 모으면 'SPICE(양념)'가 된다. 식재료들이 한데 어우러져 훌륭한 맛을 낼 때 좋은 요리가 되듯이 기업도 이해관계자들의 이익을 조화롭게 배분해야 훌륭한 성과를 낼 수 있다는 것이다. 이러한 관점에서 사랑받는 기업들은 이해관계자 중 어느 일방이 다른 그룹의 희생을 통해 이익을 취하지 못하도록 모두의 이해(利害)를 정렬하여 균형된 만족을 추구한다.

소비자들에게 "당신이 사랑하는 기업은 어디인가요?"라고 묻는 설문조사를 통해 후보 기업들을 고른 뒤 이 기업들이 각 이해관계자들에게 실제로 어떻게 하고 있는지 심층 조사를 실시하였다. 이러한 과정을 통해 최종적으로 사랑받는 기업 28개를 선정하였다.

선정된 28개의 기업 중 상장된 13개 회사와 S&P 500대 기업을 대상으로 1996년부터 2006년까지 10년간의 주가 상승에 따른 투자수익률을 비교하였더니 놀라운 결과가 나왔다. 사랑받는 기업들의 평균 투자수익률(1,026%)이 S&P 500대 기업의 수익률(122%)보다 8배나 높았다. 더 놀라운 것은 짐 콜린스(Jim Collins)의 「좋은 기업에서 위대한 기업으로(Good to Great)」에서 선정한 위대한 기업 11개의 투자수익률(303%) 보다도 3배 이상 높게 나왔다는 점이다.

'주주에게 수익을 주려고 하다 보면 결국 단기적인 시각에 머물지만 이해관계자들로부터 사랑을 받으면 중장기적으로 훨씬 더 유리하다'는 것이다.

경영품질의 평가

경영의 질(質)을 어떻게 측정하고 평가할 수 있을까? 불량률이나 품질비용 등의 품질지표, 1인당 부가가치나 재고회전률 등의 생산성지표, 수익성이나 유동성 등과 같은 재무지표들은 모두 경영의 일면만 평가하는 것이다. 요즈음 BSC가 많이 활용되고 있는 것은 종래의 일면적 평가지표들과는 달리 경영의 여러 가지 측면을 반영하는 다면적 평가지표이기 때문이다. 그러나 '이해관계자들의 균형된 만족과 성장'이라는 경영품질의 목표에 비추어 볼 때 지금까지 나온 그 어느 것도 말콤 볼드리지 평가기준만큼 경영의 총체적 질을 평가하지는 못한다.

미국의 말콤 볼드리지 국가품질상(Malcolm Baldrige National Quality Award, 이하 MB상)은 1980년대 후반 세계시장에서 급속히 밀려나고 있던 자국 기업들의 경쟁력을 획기적으로 높이기 위해 미국 상무부가 도입한 범국가적 품질진흥정책 중 하나였으나, 이제는 이 상의 평가기준이 경영의 질을 측정하기 위한 믿을만한 방법으로 널리 인정받고 있다.

1997년 3월 10일자 「비즈니스 위크」지에 따르면 MB상을 수상하였거나 수상에는 실패하였으나 1, 2차 서류심사에 통과되어 현장심사를 받은 업체의 주식에 투자하는 것이 다른 기업의 주식에 투자하는 것에 비해 훨씬 높은 수익을 얻을 수 있다는 다음과 같은 내용이 소개된 바 있다.

"MB상 수상업체의 주식에 투자하였다면 S&P 500대 기업의 주식에 투자하였을 경우보다 평균 3배의 투자수익률을 올릴 수 있었을 것이다. 또한 MB상의 수상에는 실패하였으나 1, 2차 서류심사를 통과하여 현장심사를 받은 기업들의 주식에 투자하였다면 평균 2배의 수익률을 올릴 수 있었을 것이다."

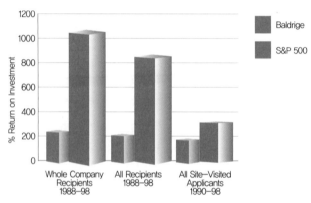

〈그림 25.4〉 MB상 수상 및 본선 진출 업체와 S&P 500의 투자수익률 비교

오늘날 우리나라를 비롯한 많은 나라들의 국가품질상 평가기준은 MB상의 평가기준을 근간으로 하고 있다. 이 평가기준은 경영품질의 향상을 위한 개선의 기회를 찾기 위한 자가진단(Self-Assessment) 도구로도 많이 이용되고 있다.

참고문헌

강병구 외(2011), 「미래사회와 표준」, 개정 4판, 한국표준협회

강영연(2013), "야마다 아키오 미라이공업 CEO, 어떤 아이디어라도 현금 보상", 한국경제신문, 11월 15일

김현성(2010), "괴짜 CEO가 만든 천국의 일터", 이코노미 인사이트, 3호, 7월 1일

박영택(1994), "품질의 현대적 의미", 품질경영학회지, 22권 2호, pp.177-192

박영택(1994), "품질시스템의 발전과 품질경영", 산업공학, 7권 2호, pp.1-19

박영택(2001), "경영품질을 높이는 말콤 볼드리지상", 「경영품질의 세계기준 말콤 볼드리지」, 제1부, 서울 Q&I 포럼, 개정판, 한·언, pp.23-88

박영택(2005), 「이노베이션 스토리: 혁신에 성공한 기업들이 펼치는 감동의 경영 파노라마」, 네모북스

박영택(2005), 「품질기법 핸드북」, 한국품질재단

박영택(2013), "왜 품질 최우선 경영인가?: 품질 자체가 고수익 사업이다", 품질경영, 3월호, pp.52-55

박영택(2013), "과학적 관리의 태동: 작업의 과학화로 철저하게 낭비 제거", 품질경영, 4월호, pp.54-57

박영택(2013), "5S와 설비보전: 품질과 안전의 기초, 청결", 품질경영, 5월호

박영택(2013), "품질기능전개: 품질 목표, 무결점이 아니다", 품질경영, 6월호

박영택(2013), "발명적 문제해결: 창조적 해결책에는 공통점이 있다", 품질경영, 7월호

박영택(2013), "당연적 품질과 매력적 품질: 품질은 다다익선이 아니다", 품질경영, 8월호

박영택(2013), "품질개선도구: 품질 툴은 사고방식을 바꾸는 생각의 도구", 품질경영, 9월호

박영택(2013), "표준화와 품질인증: 역사상 가장 성공적인 표준이 된 품질인증", 품질경영, 10월호

박영택(2013), "통계적 사고와 방법: 샘플이라는 창을 통해 모집단을 들여다보는 방법", 품질경영, 11월호

박영택(2013), "통계적 공정관리: 산포를 줄여야 품질수준이 높아진다", 품질경영, 12월호

박영택(2014), "서비스 품질의 관리: 서비스 격차를 잡아라", 품질경영, 1월호

박영택(2014), "서비스시스템의 설계와 운영: 서비스도 과학이다", 품질경영, 2월호

박영택, 박수동(1999), 『발명특허의 과학』, 현실과 미래

박영택, 손정, 정택진(2007), Six Sigma for CEO: How to Make Breakthrough Happen, 중국 칭화대학교 출판부(중국어판)

박영택, 송해근(1998), "품질경영상의 평가기준과 경영품질의 측정", 품질경영학회지, 26권 2호, pp.82-92

배도선(1992), 『최신 통계적 품질관리』, 영지문화사

염동호(2009), "베짱이들의 천국, 미라이공업", 월간조선, 10월호

이방실(2013), "테슬라가 '자동차 업계의 애플로 불리는 이유는?", 동아비즈니스리뷰, 140호, 10월 26일

이상덕(2008), "유토피아 경영 日 미라이공업 창업주 야마다 아키오", 10월 11일

이은호(2012), 『세상을 지배하는 표준 이야기』, 한국표준협회미디어

최종완(1997), 『알기 쉬운 표준화 이야기』, 한국표준협회

하종선, 최병록(1997), 『PL법과 기업의 대응방안』, 한국경제신문사

홍종인(2009), 『ISO 품질경영시스템 혁신 가이드』, 한국표준협회미디어

鍵山秀三郎 저, 박재현 역(2008), 머리청소 마음청소, 나무생각

石川馨 저, 노형진 역(1985), 『일본적 품질관리』, 경문사

狩野紀紹 외(1984), "魅力的品質と當り前品質", 品質, Vol.14, No.2, pp.39-48

日本品質管理學會 PL研究會(1994),「品質保證と 製品安全」, 日本規格協會

ASQ Quality Costs Committee, Edited by Campanella, J.(1999),

Principles of Quality Costs: Principles, Implementation and Use, 3rd Edition, ASQ Quality Press

Barnes R.M.(1980), Motion and Time Study: Design and Measurement of Work, Seventh Edition, John Wiley & Sons Inc.

Bell, R. F.(1997), "Constructing an effective suggestion system", IIE Solutions, February, pp.22-25

Berger et. al.(1993), "Kano's methods for understanding customer-defined quality", Center for Quality of Management Journal, Vol. 2, No. 4, pp.2-36

Birsh, D. and Fielder, J. H.(1994), The Ford Pinto Case, State University of New York Press

Buzzell, R. D. and Gale, B. T.(1987), The PIMS Principle: Linking Strategy to Performance, The Free Press

Carroll, A. B.(1991), "The pyramid of corporate social responsibility: Toward the moral management of organizational stakeholders", Business Horizons, July-August, pp.39-48

Chase, R. B. and Stewart, D. M.(1994), "Make your service fail-safe", Sloan Management Review, Spring, pp.35-44

Crosby, D. C.(2009), "Let Employees Help Improve Quality", Quality Digest, 16 January

Deming, W. E.(1986), Out of Crisis, MIT Press

Feigenbaum, A.F.(1956), "Total quality control", Harvard Business Review,

Vol.34 No.6, pp.93-101

Felcher, E. M.(2002), It's No Accident: How Corporations Sell Dangerous Baby Products, Common Courage Press

Fitzsimmons, J. A. and Fitzsimmons, M. J.(2007), Service Management: Operations, Strategy, Information Technology, Sixth Edition, McGraw-Hill

Garvin, D. A.(1988), Managing Quality, The Free Press

Gilbreth, Jr., F. B. and Carey, E. G.(1975), Cheaper by the Dozen, Bantam Books

Hawkins, M. F.(1997), Unshielded: the human cost of the Dalkon Shield, University of Toronto Press

Hauser J. R. and Clausing D.(1988), "The house of quality", Harvard Business Review, May-June, pp.63-73

Hill, T.(1994), Manufacturing Strategy: Text and Cases, Irwin Professional Publishing

Ideation International(2008), "What is TRIZ and Ideation TRIZ(I-TRIZ)?", Design for Innovation, Weblog for Sustainable Innovative Solutions

Juran, J. M.(1996), "Quality problems, remedies and nostrums", Industrial Quality Control, Vol.24 No.2, pp.647-653

Juran, J. M. and Gryna, F. M.(1993), Quality Planning and Analysis, Third Edition, McGraw-Hill Inc.

Noguchi, J.(1995), "The Legacy of W. Edwards Deming", Quality Progress, December, pp.35-37

Parasuraman, A., Zeithaml, V. A. and Berry, L. L.(1988),

"SERVQUAL: A multi-item scale for measuring consumer perceptions of the service quality", Journal of Retailing, Vol.64 No.1, pp.12-40

Phadke, M. S.(1989), Quality Engineering Using Robust Design, Prentice Hall

Peters, T.(1990), Thriving on Chaos: Handbook for a Management Revolution, Harper Perennial

Robinson, A. G. and Stern, S.(1998), Corporate Creativity: How Innovation and Improvement Actually Happen, Berrett-Koehler Publishers

Rust, R. T., Zahorik, A. J. and Keiningham, T. L.(1993), Return on Quality: Measuring the Financial Impact of Your Company's Quest for Quality, Probus Publishing Company

Sisodia R. S., Wolfe, D. B., Sheth, J. N.(2007),

Firms of Endearment: How World-Class Companies Profit from Passion and Purpose, Prentice Hall[권영설 역(2008), 「위대한 기업을 넘어 사랑받는 기업으로」, 럭스미디어]

Taguchi, G. and Clausing, D.(1990), "Robust Quality", Harvard Business Review, January-February, pp.65-75

Tenner, A. R. and DeToro, I. J.(1992), Total Quality Management, Addison-Wesley Publishing Company Inc.[신동설 역(1994), 「종합적 품질경영」, 석정]

Tobias, P. A. and Trindade, D. C.(2011), Applied Reliability, 3rd Edition, Chapman and Hall Tsutsui, W. M.(1966), "W. Edwards Deming and the origins of quality control in Japan", Journal of Japanese Studies, Vol.22, No.2, pp.295-325

품질 최우선 경영

발 행 일	2014년 3월 1일 초판 1쇄 발행
	2015년 9월 1일 초판 3쇄 발행
저 자	박 영 택
발 행 인	박 재 우
발 행 처	한국표준협회미디어
출판등록	2004년 12월 23일(제2009-26호)
주 소	서울 금천구 가산디지털1로 145, 에이스하이엔드 3차 1107호
전 화	02-2624-0362
팩 스	02-2624-0369
홈페이지	http://www.ksamedia.co.kr

ISBN	978-89-92264-70-9 93320

값 13,000원

※이 책은 저작권법에 따라 보호받는 저작물이므로 무단 전재와 복제를 금합니다.